十姐妹鸟（小斑十姐妹鸟）

大蟗螂

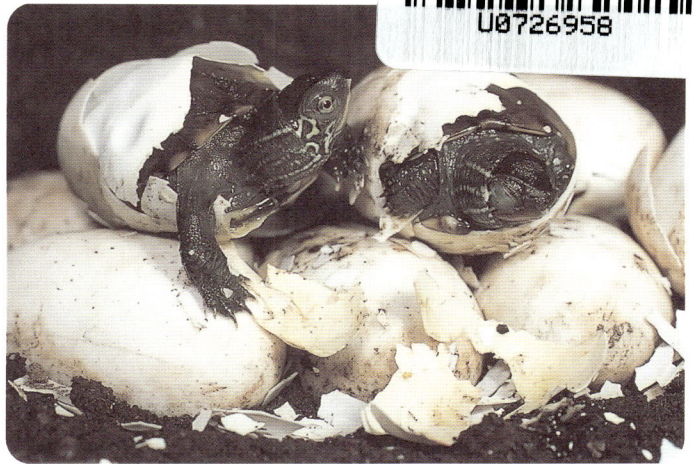

草龟

蝾螈

天使鱼

NEW WIDE
ニューワイド

学研图鉴

宠物饲养与观察

しいくとかんさつ

[日] 学研教育出版／编　　杜天莹／译

北方妇女儿童出版社

长春

目 录

本图鉴的阅读方法、使用方法

这本图鉴对昆虫、宠物、水生生物等各种各样的生物的饲养方法和观察要点进行了介绍。

1 用标记和颜色对"昆虫"、"宠物"、"水生生物"等饲养生物进行类别划分。

2 登载了生物和全部饲养工具的图片。饲养时需要哪些东西可以一目了然。

3 有很多"观察"和"实验"等小介绍，对于课堂上的学习也很有帮助。

同一种颜色表示同一种类

水生生物（海水）

绿色指的是海洋生物。

虾

清洁虾　■十足目　■藻虾科　■体长5cm　■分布·房总半岛以南

种类的标记

生物的数据
表示生物的大小、适合观察的时期、分布、原产地等。

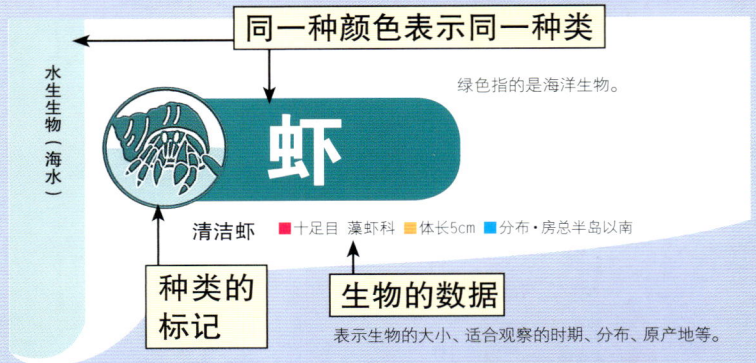

附有详细的说明

全部的饲养工具可以一目了然

●虾（海水）的饲养工具的例子

照明灯　可以使用海水鱼专用的照明灯。

水槽　根据饲养的虾的数量，饲养箱的大小也要相应调整。饲养4～5只虾时使用60cm的水槽比较合适。

水温计

加热器

过滤器

空气泵

比较复杂的饲养工具则会附有更多细致的照片。

●**标记的种类**　小知识的内容加上了标记，一目了然。

观察

实验

!注意

"观察"标记
介绍饲养方法和生物过冬的办法、产卵的样子等。

"实验"标记
介绍蓑蛾"吐丝营造护囊实验"等简单可行的实验。

"注意"标记
在饲养中特别要注意的事项。

"一句话笔记"
各页都记载着方便的小知识。

昆 虫

　　昆虫的寿命一般都很短暂，因而在短时期内就可以观察到它们的一生。正因为这样，昆虫可能是最适合饲养的生物。不需要其他特别的饲养工具，只需要准备好饲料即可。另外还会介绍蜗牛、鼠妇和蜘蛛等昆虫以外的小动物。

稻弄蝶

凤蝶

柑橘凤蝶 ■翅展65～90mm ■可观察时期·3月～秋天 ■分布·北海道、本州、四国、九州

　　凤蝶是在城市公园等地方经常可以看到的蝴蝶。春天可以观察到的是比较小型的，夏天可以观察到的就是大型的。幼虫食用蜜橘、山椒、枸橘、黄柏等植物的叶子。仔细深入地观察这些叶子可以找到卵和幼虫。蝴蝶的饲养是以幼虫的饲养为中心。

盖子

　　一定要牢牢盖好盖子以防止幼虫逃跑。

饲养箱

　　在卵和初龄幼虫时期，可以用盖子上有小孔的瓶子来代替饲养箱。而进化成终龄幼虫后则需要食用比初龄幼虫时多100倍以上的饲料，所以需要使用能放入大量饲料的饲养箱。

幼虫

　　看起来像眼睛的外形，常常会让别的动物吓一跳。

● **幼虫的饲养**

! 注意

●当幼虫正处于蜕皮时不要去触摸和移动它。这会使幼虫蜕皮失败乃至死亡。

观察　凤蝶从卵到羽化的过程

卵 直径1mm、呈淡黄色

孵化 食用卵的外壳

初龄幼虫 和鸟粪很像

蜕皮后变成终龄幼虫

　　产下的卵经过5日就会发生变化（孵化）。如果是在春夏之间，幼虫期是20～25日。

饲料

变成终龄幼虫后，需要大量的饲料。饲料不足会影响蝴蝶的正常生长，所以要保证供给充足。饲料装进塑料袋放进冰箱后，可以保存较长的一段时间。

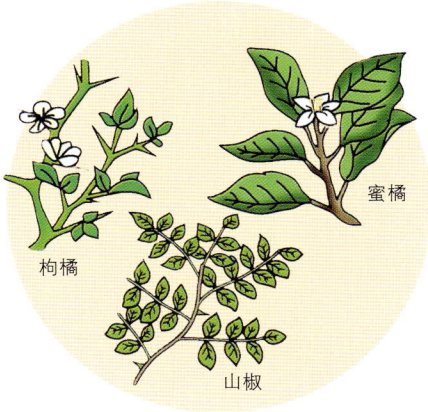

蜜橘

枸橘

山椒

●变成蛹之后

绝对不要去触摸蛹。越冬时可以把蛹放置在阳光不能直射的阳台上。为了防止箱内过于干燥，要适时地喷洒水。

越冬蛹如果不经历寒冷有可能不会羽化

●进化为成虫后

从卵的采集，到由幼虫饲养到蛹、最终进化成成虫后，饲养就可以算是非常成功了。凤蝶成虫的饲养难度很高，经常发生饲养不久就死亡的情况。所以在观察一段时间，记录好数据后，最好把成虫放飞到公园等野外开放的地方。

如果希望让成虫产卵，可以在饲养箱内放入蜜橘和山椒的树枝。另外，可以喂乳酸饮料、运动饮料以及50倍稀释过的蜂蜜或砂糖水。直接放入盆栽花卉时要先喷洒运动饮料。另外，尽可能使用大型的饲养箱。

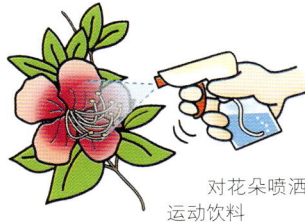

对花朵喷洒运动饮料

也可以用人造花代替鲜花

遇到凤蝶的成虫怎么都不肯吸食饲料的情况，可以将它轻轻拿起，使它的口器伸展开来后能接触和吸食饲料

从幼虫进化成蛹需要花1天以上的时间。羽化通常都从清晨开始。

进化成蛹的准备工作开始

羽化的开始

成虫从蛹房里面钻出来

抓住树枝，等待翅膀伸展开来

进化成蛹之后，如果是正处在春夏之间，15～20日就可以进化为成虫（羽化）。成虫的寿命大概是两个星期。

7

●凤蝶的同类●

青凤蝶 ■翅展55~65mm ■可观察时期·5~8月 ■分布·本州、四国、九州 ◆幼虫食用樟树、新木姜子的叶子。

卵 （直径约1.2mm）　　幼虫 （终龄幼虫约40mm）　　蛹 （长度约为30mm）　　成虫 （经常停留在乌蔹莓等花朵上）

美姝凤蝶 ■翅展85~100mm ■可观察时期·4~8月 ■分布·北海道、本州、四国、九州 ◆幼虫食用臭常山的叶子。

卵 （直径约1.3mm）　　幼虫　　蛹 （长度约为37mm）　　成虫

碧凤蝶 ■翅展80~120mm ■可观察时期·4~9月 ■分布·本州、四国、九州、冲绳 ◆幼虫食用臭常山、食茱萸、枳、黄柏的叶子。

卵 （直径约1.3mm）　　幼虫 （从初龄幼虫开始就是绿色的）　　蛹 （即将羽化之前）　　成虫

绿带翠凤蝶 ■翅展80~130mm ■可观察时期·5~8月 ■分布·北海道、本州、四国、九州 ◆幼虫食用食茱萸、黄柏的叶子。

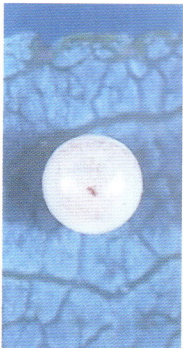

卵 （直径约1.4mm）　　幼虫 （不吃蜜橘、枸橘的叶子）　　蛹 （长度约为36mm）　　成虫 （常常会成群结队地去喝水）

8　根据种类的不同，凤蝶幼虫所食的植物也各不相同。任何一个种类的成虫都可以用乳酸饮料和运动饮料进行饲养。

蓝凤蝶 ■翅展80~120mm ■可观察时期·4~9月 ■分布·本州、四国、九州、冲绳 ◆幼虫食用蜜橘、枸橘、山椒、黄柏的叶子。

卵 （直径约1.6mm）

幼虫 （终龄幼虫长约55mm）

蛹 （长度约为38mm）

成虫

金凤蝶 ■翅展70~90mm ■可观察时期·4~8月 ■分布·北海道、本州、四国、九州 ◆幼虫食用胡萝卜、香芹、水芹、鸭儿芹等。

卵 （直径约1.2mm）

幼虫 （身上长有斑点）

蛹 （长度约为35mm）

成虫 （经常停留在蓟、百合等花朵上）

玉带凤蝶 ■翅展70~85mm ■可观察时期·3~11月 ■分布·冲绳 ◆幼虫经常食用飞龙掌血树叶。

卵 （直径约1.2mm）

幼虫

蛹 （长度约为30mm）

成虫 （经常会飞到地表附近）

麝香凤蝶 ■翅展75~100mm ■可观察时期·4~8月 ■分布·本州、四国、九州、冲绳 ◆幼虫经常食用马兜铃、大叶马兜铃。

卵 （直径约1.4mm）

幼虫 （有突起）

蛹 （长度约为30mm）

成虫

🖊 金凤蝶的蛹不经历严寒就不能羽化。饲养容器最好放在阳台上阳光不能直射的地方。

菜粉蝶

■翅展44～45mm ■可观察时期•春天～秋天 ■分布•北海道、本州、四国、九州、冲绳

　　菜粉蝶是一种白色的蝴蝶，主要出现在农田里，但在城市的公园里也常常可以看到。温暖的地方一年可以繁殖6～7次，冬天也可以看到。幼虫喜欢吃油菜科的植物，特别是卷心菜，可以试试在卷心菜田里采集卵和幼虫进行饲养。

盖子
　　一定要牢牢盖好盖子以防止幼虫逃跑。

饲养箱
　　饲养成虫时要准备好大型的饲养箱。

饲料、幼虫
　　可以给幼虫喂卷心菜、小松菜、萝卜的叶子。它们也会食用荠菜等野菜。

萝卜的叶子　　卷心菜

小松菜　　荠菜

注意
●如果卷心菜等食物上沾有农药，幼虫吃了之后会在羽化前死亡。因此用于饲养的蔬菜要多次认真地清洗。另外，使用萝卜的头部进行水培，再把长出来的叶子作为食物也是个不错的方法。

观察　菜粉蝶从卵到羽化的过程

卵　直径0.8mm左右

孵化1

孵化2　食用卵的外壳

幼虫　变成蛹的时期

　　菜粉蝶产下的卵经过3日就会孵化。幼虫的时期是16～18日。

菜粉蝶的脸

　　脸上长有细细的毛。眼睛是由许多单眼组成的复眼。

菜粉蝶的嘴巴

　　嘴巴平常会像上发条一样滴溜溜地转动。

吸食花蜜时，嘴巴会伸长得像吸管一样

饲料·成虫

　　给成虫喂乳酸饮料、运动饮料、稀释过的砂糖和蜂蜜。

稀释过的砂糖　　葱的花

油菜花

稀释过的蜂蜜

●菜粉蝶的同类●

黑纹粉蝶 （筋黑白蝶）

■翅展50~60mm ■可观察时期·3月~秋天 ■分布·北海道、本州、四国、九州 ◆幼虫食用荠菜和油菜等蔬菜。

幼虫　　　　　　　　　　　　　　成虫

斑缘豆粉蝶

■翅展40~50mm ■可观察时期·3月~秋天 ■分布·北海道、本州、四国、九州、冲绳 ◆幼虫食用白三叶草、小松菜等蔬菜。

幼虫　　　　　　　　　　　　　　成虫

黄蝶

■翅展35~40mm ■可观察时期·3月~秋天 ■分布·本州、四国、九州、冲绳 ◆幼虫食用合欢树、铁扫帚的叶子。

幼虫　　　　　　　　　　　　　　成虫

羽化通常从清晨开始。从破蛹到成虫钻出来需要数十秒。

蛹 即将开始羽化之前　　　　**羽化1**　　　　**羽化2**　　　　**羽化3** 翅膀伸出来后完成羽化

✏ 菜粉蝶结蛹8~10日后就可以进化为成虫（羽化）。成虫的寿命是24~28日。

灰蝶

酢浆灰蝶

酢浆灰蝶 ■翅展20~29mm ■可观察时期·4~11月 ■分布·本州、四国、九州、冲绳

酢浆灰蝶在都市的公园和庭院处经常可以看到。一年可以繁殖5~6次，以幼虫的形态过冬。它的卵通常产在酢浆草叶子的背面，但是因为体型小所以很难发现。采集像绿色橄榄球样子的幼虫进行饲养是一个不错的方法。

盖子
要使用容易通风的盖子。

饲料·成虫
饲养成虫时，可以把花插在杯子里让它食用，也可以让成虫直接吸食滴在花朵上的运动饮料或乳酸饮料。

饲养箱
把饲养箱放在阳光不能直射、通风良好的地方。结蛹时可以适当喷洒一点水。

饲料·幼虫
酢浆灰蝶的幼虫食用酢浆草。

●酢浆灰蝶的主要食草
红灰蝶——酸模、羊蹄
琉璃灰蝶——多花紫藤、胡枝子
银灰蝶——多花紫藤
翠灰蝶——日本桤木
艳灰蝶——麻栎

●酢浆灰蝶的饲养方法

饲养顺利的情况下1年时间内可以观察好几次从卵到成虫的过程。

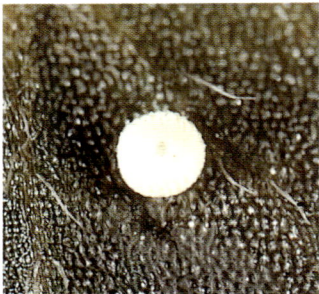
卵

幼虫 （终龄幼虫约12mm）

前蛹 （刚刚结蛹的时期）

成虫

观察 各种各样灰蝶的卵

灰蝶的同类都能产下漂亮的卵。

银灰蝶

乌燕灰蝶

红灰蝶

琉璃灰蝶

翠灰蝶

艳灰蝶

酢浆灰蝶喜欢吃的酢浆草常常种植在公园、庭院、道路两旁等生活区附近，所以饲养起来简单方便。

弄蝶

稻弄蝶
■翅展34~40mm ■可观察时期・5~10月 ■分布・北海道、本州、四国、九州、冲绳

稻弄蝶作为会迁徙的蝴蝶而被人们熟知。它们的幼虫会把树叶卷起来筑巢，并食用中国芒、水稻等稻科植物的叶子。

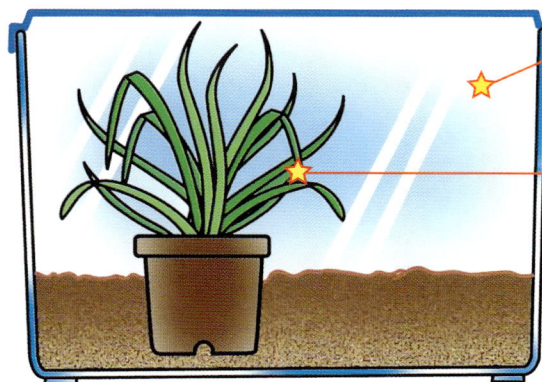

选用大型的饲养箱

把中国芒等稻科植物种植在花盆里放进饲养箱

● 稻弄蝶的饲养方法

卵

幼虫

成虫

观察　弄蝶的幼虫

和稻弄蝶幼虫的"卷叶虫"外号一样，弄蝶的幼虫把叶子卷起来筑成巢，在里面结蛹。

绿弄蝶

透纹孔弄蝶

隐纹谷弄蝶

小黄斑弄蝶

天蛾

咖啡透翅天蛾
■翅展60mm ■可观察时期・5~9月
■分布・北海道、本州、四国、九州、冲绳

咖啡透翅天蛾可以在空中静止并吸食花蜜。在羽化之后立刻扇动翅膀，抖落上面的鳞粉从而使翅膀变得透明。幼虫食用栀子花的叶子。

栀子花的叶子
成虫的饲养比较困难，所以可以对幼虫进行饲养

饲养箱
底部铺上3~5cm的土壤。咖啡透翅天蛾会在土中结蛹

观察　咖啡透翅天蛾的身体

● 咖啡透翅天蛾的饲养方法

幼虫

蛹

↑ 眼睛和嘴巴的形状是什么样的

← 观察一下翅膀的样子吧

✎ 咖啡透翅天蛾结蛹之后，要把饲养箱放在没有暖气的房间里，不定时喷洒水以防止土壤过于干燥。

大蓑蛾

大避债蛾（成虫）■翅展65~90mm ■可观察时期·6~7月
■分布·本州、四国、九州、冲绳

大蓑蛾是蓑蛾（大避债蛾、茶袋蛾等）的幼虫，在冬天，它的"袋状外壳"很引人注目，直到春天来临前都没有变化，所以显得比较单调。3~5月是适宜采集的时期。

盖子

让人意外的是，处于冬眠状态以外的蓑蛾会四处移动。所以盖子一定要牢牢盖紧。

饲养箱

生活在过小的饲养箱里的虫子容易处于精神紧张状态，从而导致停止进食。因此最好准备较大型的水槽。

食物

注意不要让树叶枯萎。

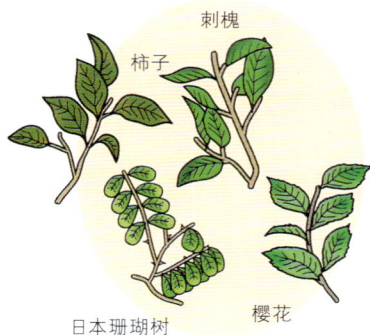

刺槐
柿子
日本珊瑚树
樱花

注意

●采集时，不要强行剥掉蓑蛾的袋状外壳，将它连着树枝进行采集。如果将蓑蛾放在食草植物的树枝旁，它自己会转移过去。

观察 蓑蛾从交尾到羽化

袋状外壳里面正在交尾的雌虫和雄虫

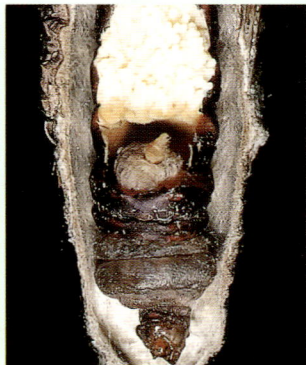

袋状外壳里面正在产卵的雌虫

大蓑蛾的孵化

袋状外壳里面的幼虫

14 已经交尾的雌性蓑蛾的袋状外壳开口处附着有黄色的粉末。

● 蓑蛾的袋状外壳

大避债蛾幼虫制作的袋状外壳枯树叶比较多，外观较凌乱。茶袋蛾的幼虫制作的袋状外壳树枝比较多，外观很整齐。

大避债蛾的袋状外壳

茶袋蛾的袋状外壳

冬天采集时

冬眠中的蓑蛾一般不会移动。使袋状外壳朝下并与地面垂直，到了早春就把袋状外壳连着树枝一起移到可以食用的植物的树枝上。

蓑蛾附着的树木

蓑蛾通常在可以食用的植物的树枝上制作袋状外壳。但是到了冬天，为了避开北风和冷雨的侵袭，也会转移到不落叶的树木或者是房子的墙壁上。

为了避开北风和冷雨的侵袭而附着在墙壁上的蓑蛾

● 袋状外壳中的转动

袋状外壳中的幼虫是头部朝上的。到了5月头部就会转向下，关闭下部的开口，在袋状外壳中结蛹。

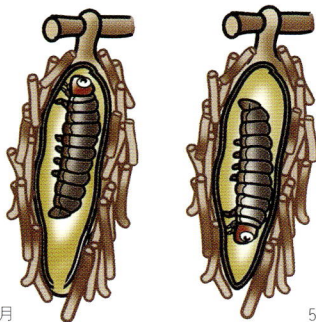

10月～第二年4月   5月

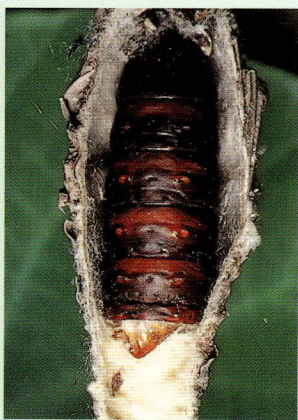

大避债蛾成虫（雌虫）

羽化（只有雄虫才会羽化）

✎ 雄性蓑蛾在羽化后不进食，钻入雌虫的袋状外壳里进行交尾后死亡。

▶ 实验　制作袋状外壳的实验

春天到秋天的蓑蛾会用各种材料来制作自己的袋状外壳。让我们用实验来验证一下具体是哪些材料吧。要注意的是在冬天，蓑蛾即使从以前的外壳里钻出来，也会因为太过寒冷难以制作新的外壳而死掉，所以不能进行实验。

彩色纸

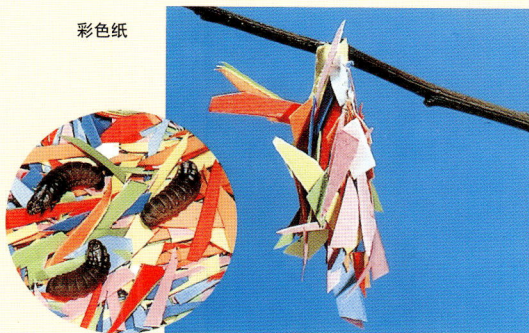

塑料

毛线

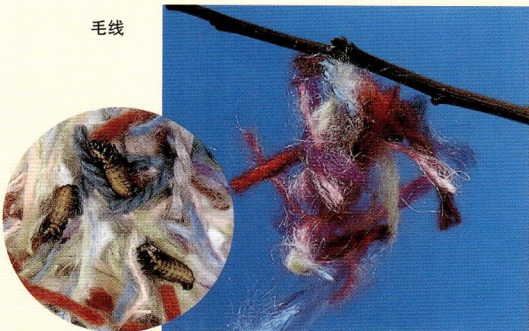

火柴棒

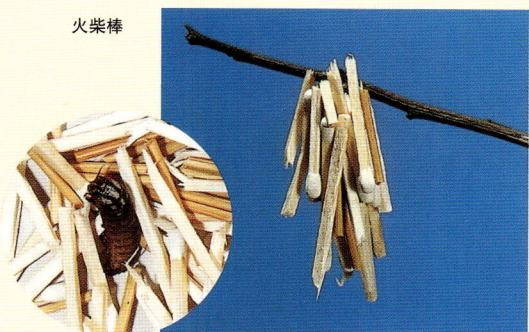

独角仙

正在打架的独角仙

■全长40~70mm　■可观察时期·7~8月　■分布·本州、四国、九州、冲绳

　　独角仙被誉为"昆虫界的国王"。它只有在夜间才出来活动，白天在树下的土壤里休息。成虫的寿命非常短，所以最好从幼虫时期就开始饲养。在宠物店有被称为"昆虫垫"的朽木的薄片和作为食物的果冻以及栖息木出售，因而独角仙是一种很容易饲养的昆虫。

盖子
　　独角仙是力气很大的昆虫。一定要牢牢盖好盖子以防止它逃跑。

饲养箱
　　准备好大型的水槽。为了防止箱内过于干燥，要适时地喷洒水。

朽木
　　捡来的朽木可能会带有寄生虫等寄生生物，要用热水进行消毒。朽木在宠物店也有出售。

昆虫垫
　　柞树等树木枯木的薄片。可以作为幼虫的食物和藏身的地方。在宠物店也有出售。

！注意
　●最好不要喂给成虫西瓜、苹果和梨等水果。若食用了水分较高而糖分相对较少的水果，会导致水分摄入过量而腹泻。

观察　独角仙从卵到羽化

卵　直径3mm左右

孵化　幼虫全长8mm左右

一龄　二龄　三龄
幼虫　三龄幼虫能达到60~110mm

　　卵被产下后不能马上取出来。成虫死后拿走死骸，将水槽清洗后再收起来。

●独角仙的采集

独角仙的幼虫生活在腐叶土和堆肥里面。从秋天到第二年的春天之间能被发现的是三龄幼虫。它的体型很巨大，所以能很清楚地和金龟子的幼虫区别开来。幼虫在宠物商店也有出售。它们白天在土壤里休息，所以最好到晚上在柞树等树木的树液流出的地方寻找。也可以自己制作树液。方法是用5份的黑砂糖和1份的日本酒进行搅拌，最后加入少许醋。如果能加入香草精，效果会更好。

被树液吸引来的独角仙

食物

独角仙食用味道甜的水果。用果冻进行喂食就会方便很多。

桃子

菠萝

供独角仙食用的蜂蜜
在朽木上缠上布，并涂上适量的蜂蜜

昆虫果冻
充分考虑到营养平衡而制作的果冻，是饲养独角仙、锹形虫时不能缺少的食物

●幼虫的饲养

在润湿的腐叶土或是"昆虫垫"上放上幼虫。适时地喷洒水以防止过于干燥。有少许发霉也没有关系，但如果表面浮起黑色的粪便就需要换新的"昆虫垫"了。幼虫在冬天时也会持续进食。

一个容器里饲养一只幼虫

到了初夏，幼虫的身体开始泛黄时，就说明快要到结蛹的时期了。这时要把它移到下半部分放入黑土、底部较深的容器里。如果周围覆上黑色的纸，幼虫会在饲养箱的箱壁上做出用于结蛹的蛹室，这有利于我们观察。

●幼虫的身体

独角仙的幼虫体型比较大，很适合观察。

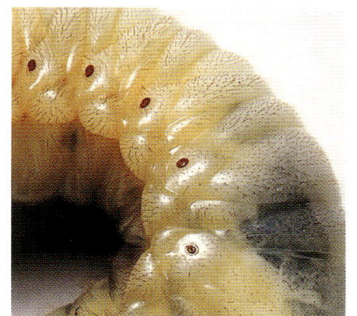

幼虫的脸　　　　幼虫的气门　用于呼吸的地方

独角仙结蛹时，会躲在昆虫垫或腐叶土下面，做出用于结蛹的蛹室，然后在里面结蛹。

蛹　雄虫有角　　　　羽化　羽化的开始　　　　翅膀（前翅）开始有颜色　　　　成虫翅膀变硬后就可以爬出地面

✎　对于过冬的幼虫来说，过冷和过热都不行。最好把饲养箱放在没有暖气的房间里。

17

● 世界上的独角仙、锹形虫 ●

■全长 ■分布 ◆主要的特征

世界上大约有1300种独角仙的同类,已知的锹形虫大约有1200种。这其中,热带到亚热带的地区分布种类比较多,还能看到较为珍贵的品种。

五个角

很长的角

南洋大兜虫
■雄虫50~130mm,雌虫50~65mm ■中南半岛、马来半岛、苏门答腊岛 ◆南洋大兜虫是东南亚最大的独角仙。雄虫头上的角中间有一条突起。

五角大兜虫
■雄虫42~70mm,雌虫55mm ■印度阿萨姆邦、中南半岛、马来半岛 ◆五角大兜虫是同类中体型最大的,其中以中南半岛产的尤为巨大。

三角大兜虫
■雄虫45~60mm,雌虫50mm ■新几内亚 ◆三角大兜虫是新几内亚岛的特产。胸部有两根很长的角。

非洲大兜虫(神马大兜虫)
■雄虫40~75mm,雌虫55mm ■非洲中部、西部 ◆非洲大兜虫非洲最大的独角仙,生活在热带林里面。

有些很长的长戟大兜虫,仅仅角的长度就有70~80mm

全身长有灰白色的毛

长戟大兜虫
■雄虫75~180mm,雌虫50~75mm ■墨西哥南部、秘鲁、危地马拉、哥伦比亚、哥斯达黎加等地 ◆长戟大兜虫是世界上最大的独角仙,拥有能移动2~3kg重的物体的力量。

海神大兜虫
■雄虫57~145mm,雌虫55~70mm ■委内瑞拉、哥伦比亚、厄瓜多尔、秘鲁等地 ◆海神大兜虫住在比长戟大兜虫海拔还要高的地方。

象兜虫
■雄虫90~130mm,雌虫约70mm ■墨西哥南部、危地马拉、委内瑞拉、哥斯达黎加等地 ◆象兜虫的重量可达50g,是世界上最重的独角仙。因像大象一样巨大而得名。

比萨罗竖角兜虫
■雄虫32~50mm,雌虫35mm ■墨西哥、危地马拉、萨尔瓦多等地 ◆根据居住地方的不同比萨罗竖角兜虫的大小也不同,是一种很难和长相类似的同类进行区别的独角仙。

独角仙和金龟子的同类(甲虫目)在昆虫中拥有最多的种类,也是所有的动物中最大的种群。

黄金鬼锹
■ 雄虫42～82mm，雌虫42～54mm
■ 马来半岛 ◆因为金黄色的身体和数量稀少，所以是很珍稀的锹形虫。除了马来半岛上生活的品种外，还有生活在苏门答腊岛、爪哇岛、加里曼丹岛的三个品种。

长颈鹿锯锹形虫
■ 雄虫45～107mm，雌虫31～48mm
■ 尼泊尔～马来半岛 ◆长颈鹿锯锹形虫是锯锹形虫的同类中体型最大的品种。

苏门答腊巨扁锹形虫
■ 60～110mm ■马来半岛、苏门答腊岛、菲律宾

橘背叉角锹形虫
■ 50～90mm ■苏门答腊岛、马来半岛、泰国

印尼金锹
■ 雄虫23～49mm，雌虫22～25mm ■新几内亚 ◆印尼金锹在白天活动，喜欢聚集在花朵附近。新几内亚岛东部的印尼金锹身体颜色是金色，西部的则是金绿色。

黑叉角锹形虫
■ 40～80mm ■爪哇岛

牛头扁锹形虫
■ 雄虫75mm ■爪哇岛
◆牛头扁锹形虫白天隐藏在树洞等地方，晚上出来活动。

欧洲深山锹形虫
■ 雄虫44～86mm，雌虫35～45mm ■欧洲～安纳托利亚半岛 ◆欧洲深山锹形虫是欧洲最大的锹形虫。

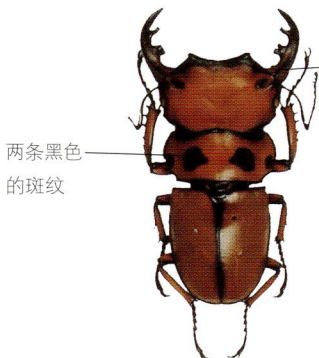

边缘是卷曲的

两条黑色的斑纹

螃蟹锹形虫
■ 雄虫30～53mm，雌虫27～29mm
■ 非洲中部、西部 ◆螃蟹锹形虫的身体是红色的，胸部有两条黑色的斑纹，看起来像脸的模样。它的特征是头部前端的边缘是卷曲的。

长有金色的毛

智利长牙锹形虫
■ 雄虫33～84mm，雌虫25～37mm
■ 智利、阿根廷 ◆智利长牙锹形虫有着大大的下巴和脚，触角特别的长，头很小。触角弯曲的地方长有金色的毛。它是南美锹形虫中体型最大的品种。

锹形虫

日本大锹形虫 ■雄虫全长32~76mm ■可观察时期·6~9月 ■分布·本州、四国、九州

日本大锹形虫

日本大锹形虫、日本小锹形虫、扁锹形虫等品种以成虫的形态过冬，所以能体验到长时间饲养的乐趣。成虫的饲养方法和独角仙大致相同。

盖子

锹形虫也是力气很大的昆虫。一定要牢牢盖好盖子防止它逃跑。

饲养箱

准备好大型的水槽。成虫的适宜饲养数量为一只雄虫配一只雌虫，或者是一只雄虫配两只雌虫。最好不要同时饲养太多。

食物

成虫的食物和独角仙的大致相同。

菠萝

桃子

昆虫果冻

供独角仙食用的蜂蜜

苹果和梨、西瓜等多水分的水果会引起腹泻，所以最好不要喂食。

观察　**日本大锹形虫的羽化**

幼虫　结蛹开始之前的终龄幼虫

蛹1　结蛹的过程中呈白色

蛹2　雄虫从结蛹时就开始长出很大的下巴

羽化　羽化之后不久前翅还是白色的

　与独角仙的幼虫相比，锹形虫幼虫的皱纹更少。并且，锹形虫的肛门形状是"Y"形的，而独角仙则是"一"字形的。

● 日本大锹形虫的过冬

日本大锹形虫以成虫的形态过冬。有能存活5年之久的日本大锹形虫。可以把它们放在与室外没有温差的稍微有点冷的房间里,为了防止箱内过于干燥,要适时地喷洒水。

在朽木中过冬的日本大锹形虫

朽木

捡来的朽木可能会沾有寄生虫等寄生生物,要用热水进行消毒。朽木在宠物店也有出售。

昆虫垫

昆虫垫可以作为幼虫的食物和隐身的地方。

● 幼虫的饲养

锹形虫的雌虫在朽木中产卵。可以在饲养箱里放入大量的昆虫垫和用水浸泡过的朽木,让雌虫在上面产卵。

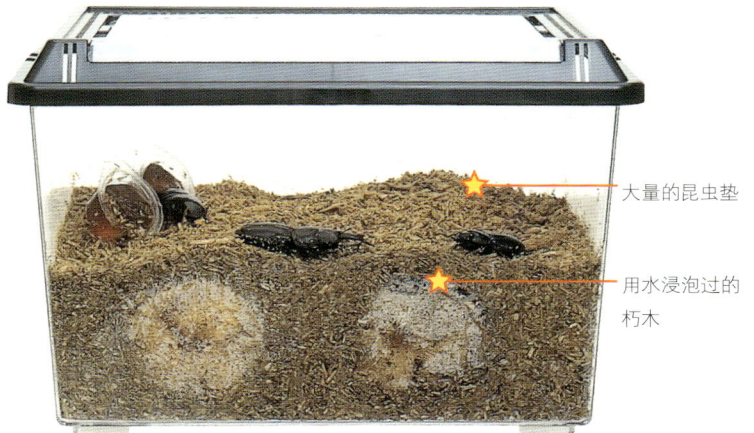

大量的昆虫垫

用水浸泡过的朽木

成虫产卵后会在朽木的表面留下痕迹,所以观察后便能明白。产卵结束后,把朽木取出来移到另外的容器里。注意不要让它干燥,1个月后从朽木里取出幼虫,放到幼虫用的饲养容器里。

锹形虫幼虫的同伴之间会打架,所以最好一个瓶子里饲养一只幼虫。把含有水分的昆虫垫和幼虫一起放进去后盖紧盖子。如果发现有黑色的粪便就要更换昆虫垫。

饲养日本大锹形虫的幼虫时可以准备1000ml的广口瓶

以幼虫的形态过冬的野生日本小锹形虫

观察 锯锹形虫的身体

锯锹形虫

■ 雄虫全长36~71mm ■ 可观察时期·7~8月 ■ 分布·北海道、本州、四国、九州

大下巴 在互相争夺觅食地、打架时使用

复眼 由很多的单眼组成

触角和嘴巴 满足它舔食树液的需求

冬天时为了防止过于干燥,要适时地喷洒水,并把容器放在没有暖气的房间里。在较为寒冷的地方,可以用毛毯把容器包裹起来。

天牛

云斑白条天牛

云斑白条天牛 ■体长45~52mm ■可观察时期·6~8月 ■分布·本州、四国、九州

　　天牛的同类都有着尖锐的大下巴。它们在树干上钻开一个洞，把卵产在里面。完成孵化的幼虫们像挖掘隧道一样啃食树木的枝干，也被叫作"铁炮虫"。几乎所有的幼虫都在一年内进化为成虫，但是也有像云斑白条天牛这样需要花费几年时间的例子。

●云斑白条天牛的饲养

盖子

　　让人意外的是云斑白条天牛是力气很大的昆虫。一定要牢牢地盖好盖子防止它逃跑。

饲养箱

　　准备好水槽等物品。为了避免过于干燥，要适时地喷洒水。需要注意的是一直处于阳光直射下会导致饲养箱内温度过高。

食物

　　成虫的食物和独角仙类似。尤其喜欢食用哈密瓜。

哈密瓜

昆虫果冻

青瓜

麻栎
云斑白条天牛的成虫食用树皮和树液，幼虫食用朽木

朽木

　　根据种类不同，天牛产卵的树木也不同。既有在树干上钻洞进行产卵的，也有在朽木上进行产卵的。云斑白条天牛在麻栎的树干上进行产卵，但如果在饲养箱内的朽木上钻几个孔，它就会在那里面产卵。

观察 云斑白条天牛的饲养方法

在麻栎的树干上产卵后留下的孔

幼虫 以食用麻栎的树干为生

蛹 长有很长的触角，所以很容易被辨识

　　饲养天牛的幼虫时，在瓶子里放进昆虫垫，一个瓶子饲养一只幼虫。为了防止过于干燥，要适时地喷洒水。

●成虫的饲养

用下图所示的工具也可以进行成虫的饲养。最好也放进昆虫果冻。可以用湿润的纸巾包裹住用于产卵的树枝末端，外面再用锡纸包上就可以保持更长时间。

星天牛的饲养工具的例子 用于产卵的树枝和草根据天牛种类的不同而不同。还可以放入其他可以作为食物的植物。

种类	放进的树木（草）
云斑白条天牛、高山天牛等	麻栎、板栗
桑天牛	桑树、无花果
黄星天牛	无花果
琉璃星天牛	日本辛夷
菊天牛	魁蒿、菊

●幼虫的饲养

一个瓶子饲养一只幼虫。在瓶子里放进昆虫垫，并用网纱来代替瓶盖。瓶子要放在温度变化较小的地方。为了防止过于干燥，可以适时地喷洒水。

●云斑白条天牛的身体

云斑白条天牛是日本天牛中最大的品种。成虫食用柞树、栗树、米槠、无花果树等树木的皮。幼虫时期要经过两个冬天，成虫时期需要经过一个冬天。到了第四年就外出生活了。

脸 善于啃咬树木的下颚

爪子 不容易打滑的尖锐的爪子

●天牛（成虫）的同类●

各种天牛都可以使用同一种饲养工具。虽然根据种类的不同食物会有少许不同，但是几乎所有种类都能食用昆虫果冻。最好不要喂食稀释的蜂蜜和砂糖水。

星天牛
■ 全长25~35mm ■ 可观察时期・6~9月
■ 分布・北海道、本州、四国、九州、冲绳

昆虫果冻

桑树或蜜柑的树叶和树枝

黑角散花天牛
■ 全长12~22mm ■ 可观察时期・6~8月
■ 分布・北海道、本州、四国、九州、冲绳

昆虫果冻

圆锥绣球的花朵
（也可以用当归的花）

虎天牛
■ 全长15~25mm ■ 可观察时期・ 6~8月
■ 分布・北海道、本州、四国、九州、冲绳

昆虫果冻

桑树的树叶

菊天牛
■ 全长6~9mm ■ 可观察时期・4~7月
■ 分布・北海道、本州、四国、九州

昆虫果冻

魁蒿

几乎所有的天牛都是以幼虫的形态过冬。可以把饲养箱放在没有暖气的温度变化较小的房间里。

瓢虫

正要起飞的七星瓢虫

七星瓢虫 ■体长8mm ■可观察时期·全年 ■分布·北海道、本州、四国、九州、冲绳
异色瓢虫 ■体长7~8mm ■可观察时期·全年 ■分布·北海道、本州、四国、九州、冲绳

　　庭院和草地上经常可以看到的瓢虫（异色瓢虫）和七星瓢虫，它们的幼虫和成虫都食用蚜虫。正因如此，在蚜虫经常出现的艾蒿和玫瑰等植物上会比较容易找到它们。

盖子

　　为了防止瓢虫从缝隙里爬出来，可以把网纱和纱布等盖在盖子上。

饲养箱

　　准备好水槽等物品。为了防止过于干燥，要适时地喷洒水。需要注意的是一直处于阳光直射下会导致饲养箱内温度过高。

! 注意

●要注意的是，如果在饲养箱里放入很多的幼虫时，即使箱内有食物也会发生互相残食的情况。

藏身之处

　　可以把落叶放进饲养箱的角落，瓢虫会在落叶下面过冬的。

食用蚜虫的七星瓢虫成虫

◢ 观察　七星瓢虫的饲养方法

卵　能产下30个左右的卵

幼虫　马上要结蛹时

蛹

成虫

　　✏　要注意的是，如果不把已经产卵的成虫移到别的饲养箱，它会把自己产下的卵吃掉。

●成虫的饲养

根据品种的不同，瓢虫的同类食用的东西也不同。

食用昆虫和菌类的瓢虫的同类饲养起来会很困难。

被认为是农田的害虫的茄二十八星瓢虫食用土豆等植物的叶子，所以饲养起来很简单。在饲养瓶中放入食草，用网纱和纱布等代替盖子并盖牢。

一旦叶子枯萎就要更换新的。还要适时喷洒水以防干燥。

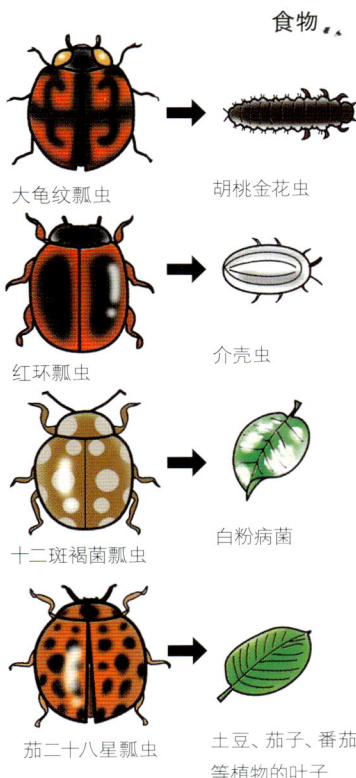

食物

大龟纹瓢虫 → 胡桃金花虫

红环瓢虫 → 介壳虫

十二斑褐菌瓢虫 → 白粉病菌

茄二十八星瓢虫 → 土豆、茄子、番茄等植物的叶子

食物

瓢虫（异色瓢虫）和七星瓢虫的幼虫和成虫都只食用蚜虫。可以把玫瑰、油菜等蚜虫大量聚集的植物直接放进饲养箱。因为它们会食用大量的蚜虫，所以对于饲养瓢虫来说最重要的是收集食物。

蚜虫
■体长1~3mm
■可观察时期·主要是春季到秋季 ■分布·本州、四国、九州、冲绳
蚜虫可以作为瓢虫、七星瓢虫的食物。

正在吃蚜虫的七星瓢虫的幼虫

●集体过冬

瓢虫、七星瓢虫、大龟纹瓢虫以成虫的形态过冬。它们常常出现在朝阳和夕阳能照射到的石头、朽木和落叶的下面，如果仔细寻找就能观察到以集体的形式过冬的瓢虫。

卷叶象鼻虫

姬黑卷叶象鼻虫
■体长4~5mm ■可观察时期·4~6月才出现 ■分布·北海道、本州、四国、九州、冲绳

卷叶象鼻虫的成虫把叶子卷起来，像摇篮一样在里面产卵。"摇篮"还会飘落到地上，在日语中，以"飘落的信纸"比喻"飘落的摇篮"，所以给这种虫取名为"飘落的信纸"。

如果发现了附有卵的叶子，把它放在折叠着铺好的湿润的纸巾上面，一起放进饲养箱，经常喷洒一些水。经过一周左右就会孵化了。

●姬黑卷叶象鼻虫的"摇篮"制作

留下咬过的痕迹后爬到叶子的内侧。

黑尾卷叶象的摇篮

到了要产卵时就开始把叶子卷起来。

●"摇篮"的里面

卵 姬黑卷叶象鼻虫在"摇篮"里面产下了一颗卵

把叶子的主脉咬开。

幼虫 靠食用"摇篮"的叶子长大

使"摇篮"与树叶分离，落到地上。

蛹 到了4月左右就羽化

最适合瓢虫的温度是25℃左右。夏天气温上升时瓢虫会钻入落叶下面进行夏眠。

蚂蚁

大黑蚁
- 体长7~13mm（工蚁）
- 可观察时期·4~10月
- 分布·本州、四国、九州

正在搬运食物的大黑蚁

蚂蚁的同类在住宅附近也可以看到，是采集简单、饲养也很简单的昆虫。如果饲养顺利，能看到蚂蚁在饲养箱里筑巢，会很有成就感。

大黑蚁的巢
饲养顺利的话可以看到蚂蚁筑巢

食物

蚂蚁，除了昆虫果冻和小杂鱼干外，还食用死去的昆虫和蜂蜜、面包屑以及鲣鱼干。它们也食用苹果等水果。此外注意一定要补充动物类的食物。最好不要把食物直接放在土壤上面。

小杂鱼干

昆虫果冻

水

为了防止蚂蚁爬走而在四周注入水。

! 注意

● 饲养蚂蚁时，土壤保持稍微湿润是非常重要的。为了防止过于干燥，要注意经常喷洒水。

● 放入饲养箱的土壤，放入前需要在阳光下晒一晒，再用锅进行加热以达到消毒的目的。

观察 大黑蚁的饲养方法

幼虫 食用草籽

蛹 作茧

茧里面的蛹

蚂蚁全身长着细小的毛。

工蚁

触角

触角是感知味道的地方。蚂蚁们还通过触角的互相接触来确认是不是同一个巢的同伴。

头部

胸部

腹部

蚁后

复眼　由无数个单眼组成

嘴巴　用于捕获猎物的尖锐的嘴巴

中足

后足

前足
前端长有指甲

屁股的前端有针，被触碰后会分泌蚁酸。

雄蚁

饲养箱

用空瓶也可以进行蚂蚁的饲养，不过最好使用小型的水槽。

在水槽周围铺上黑色的纸，把塑料的容器上下颠倒过来放置在水槽中央，蚂蚁会沿着外侧的一面筑巢，有利于我们观察。

把塑料的容器上下颠倒过来放置在水槽中央。

在水槽周围铺上黑色的纸。

●**蚂蚁的采集**

在蚁巢的洞眼处用小挖掘铲进行挖掘采集，还可以在夜里对追寻光亮而来的、在飞行中进行交尾的蚁后和雄蚁进行采集。使用废弃矿泉水瓶进行采集的方法则非常简单。

在入口的地方涂上稀释过的砂糖水。

把矿泉水瓶三分之一的部分剪下来再反向插回去，然后在里面放入食物，放置在蚂蚁的必经之路上。

进去之后的蚂蚁就出不来了。这时就可以把它们带回去放进饲养箱里。

●**蚂蚁的共生**

蚂蚁从蚜虫屁股那里吸取蜜露，蚜虫则由蚂蚁保护着不被天敌侵袭。

大黑蚁抚育黑小灰蝶幼虫的现象为人们所熟知。大黑蚁把食物亲自喂到幼虫的嘴巴里，然后吸食幼虫分泌出来的蜜露。

从蚜虫那里得到分泌出来的蜜露

黑小灰蝶的幼虫

在自己的巢里抚育黑小灰蝶的幼虫，并吸食幼虫分泌出来的蜜露

工蚁的寿命只有3到6个月，但是蚁后可以活数十年。

蟋蟀

黄脸油葫芦

黄脸油葫芦　■体长20~25mm　■可观察时期·8~11月　■分布·北海道、本州、四国、九州
迷卡斗蟋　■体长15mm　■可观察时期·8~10月　■分布·北海道、本州、四国、九州
大扁头蟋　■体长15mm（雄性）　■可观察时期·8~10月　■分布·本州、四国、九州

　　蟋蟀是我们身边会叫的虫子的代表。常常出现在草地和农地等地方，比较容易采集。它的叫声悦耳动听，可以试着进行饲养。

盖子

　　最好不要用塑料网代替盖子，因为蟋蟀可以咬破并逃出去。

饲养箱

　　备好水槽等物品。为避免过于干燥，要适时地喷洒水。需要注意的是如果一直处于阳光直射下会导致饲养箱内温度过高。

产卵箱

　　在底部铺上3~5cm的土壤，另外还要准备较小的箱子。土壤放入前需要在阳光下晒一晒，用锅加热后再放进去。

　　产卵时需要有点湿润的土壤。可以从箱子的边缘开始向底部慢慢注入少许水。产卵后，从产卵箱里取出卵时土壤也需要保持湿润。

食物

　　鲣鱼干和青瓜、南瓜、茄子等。也可以食用金琵琶的食物。

金琵琶的食物　　鲣鱼干

！注意

●食物比较容易腐坏和发霉，所以一定要用竹签插起来，不要直接放置在土壤上。

观察　**黄脸油葫芦的饲养方法**

产卵　把产卵管插到土壤里进行产卵　　卵　　　　　幼虫1　（1龄）　　　　幼虫2　和成虫很相似，但是翅膀很短。

　蟋蟀的饲类在羽化刚完成时，后部长着很长的翅膀。经过一周左右，自己会把它拔掉。

●雄性、雌性的区别方法

产卵管

雌性 产卵管会突出来

雄性

雄性的翅膀

雄性的左右翅膀有着锯齿状的音锉和坚硬的指甲。音锉和指甲互相摩擦就会发出响声

隐匿的地方

雄蟋蟀是有着很强"势力范围"意识的昆虫。饲养箱中可以放入水里漂流的木头，或纸箱、报纸等一些物品，这样可以避免它们相互打斗，还可以为它们提供能得到充分休息的藏身之处。

●鸣叫声

用示波器来观察蟋蟀的叫声吧。

黄脸油葫芦

控咯控咯哩——

 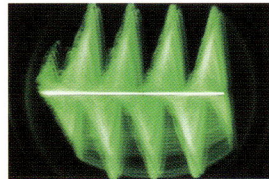

迷卡斗蟋

哩——哩——哩

 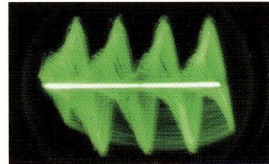

大扁头蟋

叽叽叽叽

 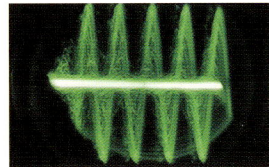

金琵琶

■体长15mm ■可观察时期·8~10月 ■分布·本州、四国、九州、冲绳

金琵琶会发出"哩——哩——哩"的清澈优美的叫声。但是因为它常常躲在草丛里面，所以采集起来很困难。最好在宠物商店购买。

盖子

藏身之处 用折叠好的纸箱来制作

食物 南瓜、青瓜、茄子、鲣鱼干、金琵琶用的食物等

土壤 在产卵用的箱子底部铺上3~5cm厚的土壤。土壤需要在阳光下进行暴晒，再用锅进行加热杀菌后使用。市面上也有金琵琶专用的软垫出售

●鸣叫声

因为它能发出清澈优美的叫声，所以日本从江户时代就开始饲养金琵琶。和蟋蟀一样，它也是左右的翅膀有音锉和指甲。两者互相摩擦就会发出鸣叫声。

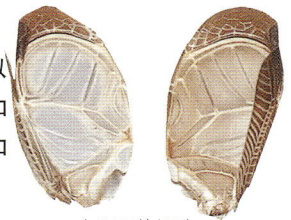

金琵琶的翅膀

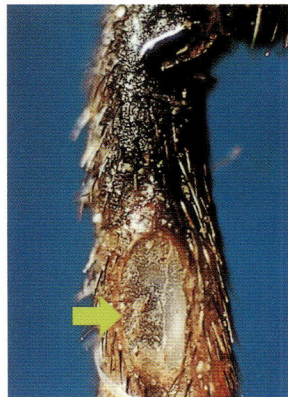

金琵琶的耳朵（在前足的内侧）

金琵琶的鸣叫声 哩——哩——哩

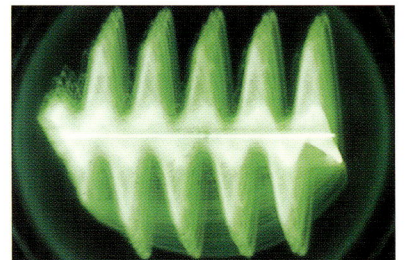

✏️ 黄脸油葫芦在宣告自己的势力范围时发出"控咯控咯哩哩哩"的鸣叫声，在恐吓对方时发出"叽哩叽哩"的鸣叫声，在呼唤雌性时发出"控咯控咯哩——"的鸣叫声。

昆虫

飞翔中的东亚飞蝗

蝗虫

东亚飞蝗　■体长35mm（雄性）　■可观察时期・7~11月
■分布・北海道、本州、四国、九州、冲绳

　　东亚飞蝗也叫大名飞蝗，是一种体格强壮的大型的蝗虫。饲养比较简单方便，只要有日照和充足的食物（稻科植物）就足够了。

盖子

　　使用通风良好的盖子，并且牢牢盖好。

饲养箱

　　要准备好大型的水槽。东亚飞蝗喜欢生活在干燥的环境中，所以注意饲养箱中不要太过潮湿。适时喷洒一些水就可以了。

食物

　　东亚飞蝗食用稻科植物。可以把它插在杯子里进行喂食，也可以将稻科植物连根挖起，整株做成盆栽后放入饲养箱中。这样可以保持很长时间。

苹果　　　稻科植物

食用面包　　狗尾草　　　芒草

观察　东亚飞蝗从产卵到羽化

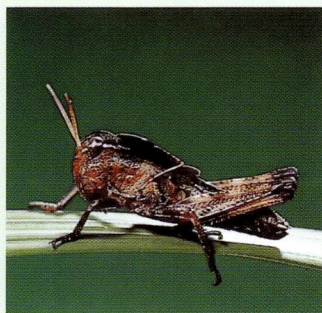

产卵　把腹部插入土壤　　　**孵化**　　　**幼虫1**　初龄幼虫是茶色的　　　**幼虫2**　终龄幼虫的头部和胸部是绿色的

30　　蝗虫的卵被包裹在像泡沫一样的卵囊里面，并在土壤里过冬，到春天才孵化。

●蝗虫的迁移型

通常蝗虫是绿色的，但到了蝗灾爆发时会变成被称为"迁移型"的黑色蝗虫。迁移型的蝗虫比绿色的蝗虫更为细小，飞行能力也更强。

迁移型♂

绿色型♂

迁移型♀

绿色型♀

注意

● 饲养箱要放在阳光不能直晒的明亮的窗边。蝗虫和蝈蝈儿需要进行一定的日晒，可以让它们每天接受30分钟左右的日光浴。

产卵箱

产卵箱里放进的土壤需要在阳光下暴晒消毒后，用锅进行加热处理。

土壤保持稍微湿润。蝗虫产卵后，把卵从饲养箱里取出来用保鲜膜包好。还需要注意不要让土壤干燥。（和蟋蟀产卵的处理方法一样）

消毒土壤

土壤要预先浇水湿润

蝈蝈儿

蝈蝈儿 ■体长40mm ■可观察时期·夏季~秋季
■分布·本州、四国、九州

蝈蝈儿会发出响亮的叫声，常常出现在草地和河滩上。以昆虫等为食物。

盖子

饲养箱

放进稻科植物的盆栽

产卵箱

和饲养蝗虫一样需要准备好已放入较厚土壤层的大产卵箱

食物
食用青瓜、苹果等。还可以喂鲭鱼干和黄粉虫。

鲭鱼干

●饲养方法

卵 在土壤里产卵

孵化

羽化1

羽化2

羽化3

羽化4　等待翅膀的展开

在狭小的饲养箱里饲养数量过多可能会出现互相残食的情况。

螳螂

在威吓对方的大螳螂

大螳螂 ■体长70mm（雄性）■可观察时期·夏季～秋季 ■分布·本州、四国、九州

　　螳螂的同类在捕猎时，前足会变化成镰刀的形状。幼虫和成虫都食用昆虫等小动物。它们通常只吃会动的东西，在饲养时最重要的是要确保有足够的食物。

盖子

饲养箱

　　使用大型的塑料饲养箱。为了防止干燥，要适时喷洒水。

栖息木

　　供幼虫蜕皮时站立之用。如果同时饲养几只螳螂，栖息木还可以作为屏障，起到防止互相残食的作用。

食物

　　喂食宠物商店出售的黄粉虫和蟋蟀会比较方便。

蜻蜓
黄粉虫
苍蝇
蟋蟀

　　左边的图片是饲养箱竖着放置的图例。螳螂的饲养需要一定的高度。在使用大型水槽的情况下，横着放也可以。

！注意

● 把幼虫放在一起饲养会出现互相残食的情况。要分别放在不同的饲养箱里。

观察 **大螳螂的孵化**

卵 被卵囊包围着（横截面）

孵化 孵化不久的叫作前幼虫

从前幼虫进化为1龄幼虫时的蜕皮

　　螳螂在交尾时雌性会吃掉雄性。如果食物准备充足，就不会发生这种情况。

● **卵的饲养**

卵囊可以在庭院的树木、草地的草茎上找到，最好是把整根树枝采集回去。

把采集来的卵囊放进剪掉上半部分的矿泉水瓶子里，用网眼细小的网纱代替盖子。饲养容器要放在阳光不能直射的阳台等室外。如果放在房间里，冬天会发生孵化的情况。为了防止干燥要适时喷洒一些水。

也可以把卵囊放在冰箱的蔬菜冷藏室里，随时可以拿出来进行孵化。

把饲养工具放在屋外

卵的饲养工具

● **大螳螂的身体**

捕猎时前足变化成镰刀的形状是螳螂的特征。

前翅

前足

中足

后足

后翅

后翅通常折叠在前翅的下面。飞行时使用后翅

前足变化成为镰刀的形状。可以迅速移动，钳住猎物。

● **螳螂的卵囊**

小螳螂
细长 坚硬

大螳螂
球形 柔软

巨斧螳螂
圆筒形

狭翅大刀螳
细长

● **螳螂的眼睛**

螳螂在昼夜都活动。眼睛可以看到很广阔的范围。脖子也可以灵活转动。

白天的眼睛 黑色部分很小

晚上的眼睛 黑色部分很大

🔺 **观察**

大螳螂的蜕皮

大螳螂在成虫之前要经过7～8次蜕皮。进化为成虫后长出很长的翅膀。

✏️ 把卵放在屋外，通常4～5个月就会孵化。

蠼螋

■体长18~36mm ■可观察时期·4~10月 ■分布·北海道、本州、四国、九州、冲绳

在石头和枯草的下面经常可以看到蠼螋。它给人的第一印象是不像昆虫。仔细观察可以知道它分为头部、胸部和腹部,有六只脚。蠼螋具有杂食性,能吃任何食物,饲养起来较简单。

盖子

没有盖子也可以,但如果水槽脏了蠼螋会爬出来。为了防止它逃走,可以用网眼细小的网纱盖住水槽。

饲养箱

也可以用小型的水槽进行饲养。在底部放进2~3cm厚的土壤。如果放入蠼螋采集地的土壤,它就能更好地适应环境。

躲藏的地方

可以用花盆碎片、小石头和落叶等给蠼螋建造一个可供它躲藏的地方。

! 注意

●蠼螋喜欢待在潮湿的地方,要经常喷洒些水以保持长时间湿润,还要避免阳光直接照射。

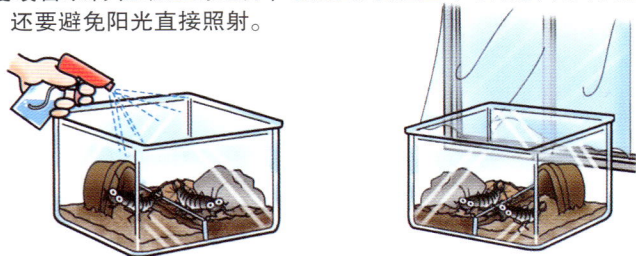

食物

虽然蠼螋什么都吃,但也要注意给它补充动物性物质。活的小昆虫也可以作为它的食物。

青瓜 茄子

狗粮 小鱼干 苹果

观察

蠼螋的生活

蠼螋妈妈在看护卵以及刚出生不久的幼虫时几乎停止进食。

卵 直径1.5mm

保护刚出生不久的幼虫免受蚂蚁侵扰的蠼螋妈妈

把屁股向后仰钳住对方。

✎ 蠼螋是不完全变态的昆虫,经历4~7次蜕皮后进化为成虫。

斑蝥

斑蝥
- ■ 体长20mm
- ■ 可观察时期·春季~夏季
- ■ 分布·本州、四国、九州

在山路等地方人类一旦接近斑蝥，它就会飞起来。正因为这一特性，在日本人们称它为"指路的小虫"。斑蝥的幼虫被称为"韭菜虫"，它们在土壤里挖洞并生活在里面。

盖子
斑蝥经常会飞走，所以一定要盖好盖子

饲养箱
小型的水槽也可以进行斑蝥的饲养

● 幼虫的捕食方法

斑蝥的幼虫在土壤里挖洞并生活在里面。捕捉猎物时挺起胸，尖锐的下巴迅速地咬住猎物并拖回洞里进食。

斑蝥的幼虫

饮水处
盛水容器过深有发生溺水的危险，所以要使用较浅的容器

躲藏的地方
可以用花盆碎片、小石头等给斑蝥建造一个供其躲藏的地方

土壤
箱子的底部放入薄薄的一层土壤和小石头

食物
蜘蛛　小昆虫
黄粉虫
黄粉虫

此外，斑蝥还食用蚯蚓和肉类等。

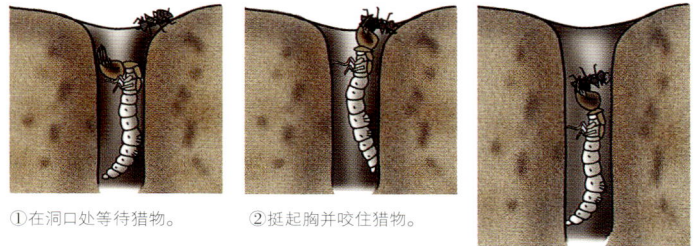

①在洞口处等待猎物。

②挺起胸并咬住猎物。

③拖回洞中。

果蝇

黑腹果蝇
- ■ 体长2mm
- ■ 可观察时期·一年当中
- ■ 分布·北海道、本州、四国、九州、冲绳

黑腹果蝇是一种聚集在腐烂的水果等地方的小型苍蝇，非常容易饲养，所以常被用作实验材料。它们是螳螂等生物的食物。

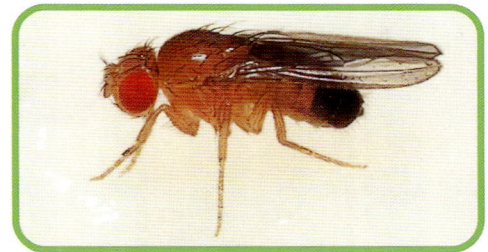

盖子
用纱布等网眼较小的网纱代替

饲养箱
可以用空瓶进行饲养，但最好是使用小型的水槽。还可以把纸箱立起来作为成虫的休息处和结蛹的场所

食物
香蕉（皮可以作为躲藏的地方）等水果。也可以喂给少量的砂糖和牛奶加琼脂做成的固体食物

观察　果蝇的饲养方法

果蝇的卵一天内就能孵化，幼虫4天内就能结蛹，蛹经过3～4天就能羽化。成虫的寿命大约是10天。

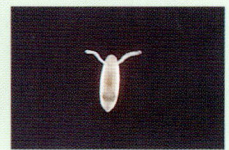

卵

幼虫　进行2次蜕皮

蛹

✏ 果蝇的后翅会退化，变成像短棒一样的"平衡棒"。

蚁狮（地牯牛）

地牯牛　■体长35mm　■可观察时期·夏季　■分布·北海道、本州、四国、九州、冲绳
星蛟蛉　■体长30~35mm　■可观察时期·6~10月　■分布·北海道、本州、四国、九州

蚁狮是地牯牛的幼虫。它们会挖像蒜臼一样的洞穴，等待掉落下来的蚂蚁，因而得名蚁狮。大蚁蛉和星蛟蛉的幼虫也会挖同样的洞穴。

张大嘴巴的蚁狮

盖子
其他时候没有也可以，但在6~9月的羽化时期必须有盖子。

饲养箱
也可以用装草莓的塑料小盒子进行饲养。蚁狮是喜欢干燥环境的昆虫，所以无须喷洒水。到了羽化的时期可以放进栖息木。

如果把采集回来的蚁狮和沙子一起装进杯子里，它们就会马上开始筑巢。

沙子
放入经干燥处理的沙子。最好是使用蚁狮采集地的沙子。

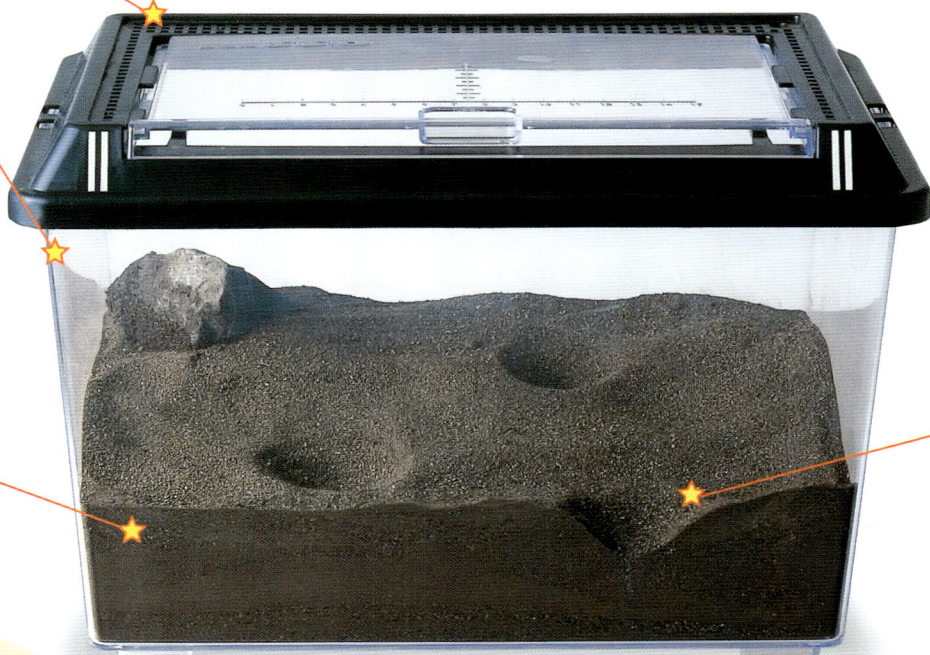

食物
食用小型昆虫。只吸食体液，残骸则抛到洞穴外面。

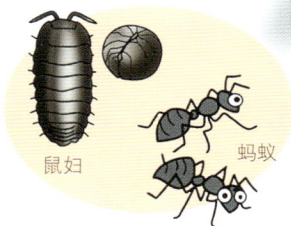

鼠妇　蚂蚁

> ⚠ **注意**
> ●在一个小饲养箱里同时放入大量蚁狮时，它们会互相残食。所以一个小饲养箱里只能饲养一只蚁狮。

▶ 观察　**蚁狮（地牯牛）的羽化**

破茧而出的成虫在钻出洞穴之后会寻找适当的树枝，展开翅膀。从破茧而出到翅膀完全展开大约需要30分钟。

从洞穴里出来　　　抓住树枝，等待翅膀的张开

✎ 5~6月时结茧。结茧开始后就不能继续挖洞，洞穴随即会被埋没。

●蚁狮的采集

最适宜的采集时间在4～6月。可以在雨水淋不到的地板下面和大树下干燥的地方寻找像蒜臼一样的洞眼。蚁狮要经过2～3年才能羽化。采集到大型的蚁狮就可以在1个月左右观察到羽化的过程。

通常神社地板下的洞眼是星蛉蛉留下的，大树下的洞眼是蚁狮的幼虫留下的。

蚁狮的采集方法

准备小铲子和报纸。发现洞眼之后，把沙子一下子挖起来再摊在报纸上，仔细寻找里面有没有蚁狮。

巢穴

蚁狮在10分钟左右就能挖好巢穴并钻进去。放进饲养箱后可以马上开始观察。

①开始挖洞。

②像画圈一样在挖洞。

③筑巢完毕。

在洞穴里面等待猎物的蚁狮　蚂蚁掉落下来了

📝　猎物想要逃跑时，蚁狮会从下面扬起沙子，使猎物因无法站立而掉下来。

草蛉

■体长10mm ■可观察时期·6～8月 ■分布·北海道、本州、四国、九州

幼虫和成虫都食用蚜虫和介壳虫。在蚜虫多的草木处仔细寻找吧，到了夜里草蛉还会追寻灯光而来。

盖子　用网纱或纱布代替

饲养箱　小型的水槽或是塑料箱

食物
蚁狮食用蚜虫。幼虫在食物不足的情况下会互相残食

卵
被称为草蜻蛉卵。有的品种会把卵吃掉，所以产卵后要马上把成虫转移到别的容器里

◢ **观察**　**草蛉的饲养方法**

卵在3～4日间孵化。蛹在11～14日间羽化。

卵　（草蜻蛉卵）

孵化

幼虫　食用蚜虫蛹

茧　在里面结蛹

破茧而出

水虿（蜻蜓）

江鸡 ■体长50~55mm ■可观察时期·4~10月 ■分布·北海道、本州、四国、九州、冲绳

蜻蜓的幼虫称为水虿。春天时可以在池塘等地进行采集。采集时准备好有盖的桶，把水虿采集地的水和水草一起带回去。水虿短时间内无需进食。只要掌握技巧，水虿的饲养还是很简单的。

江鸡的幼虫

盖子

饲养水虿时不需要盖子，羽化前再盖起来。

饲养箱

可以用大瓶子或水槽进行饲养。使用空气泵可以使水质保持清洁，但在使用大型水槽时不需要空气泵。

碎石

在底部铺上1~2cm厚的碎石。无霸勾蜓的水虿会潜在泥浆里面，所以要放进细石和土壤。

! 注意

●饲养箱不能放在阳光直射的地方。把它放在有窗帘的明亮的窗台边吧。

栖息木

羽化前在饲养箱里放入准备好的棒或者小树枝。

当水虿停止进食，就说明它已经准备开始羽化了。

水草

放入水草不仅能净化水质，而且能成为水虿的藏身之处。

◢ 观察

江鸡的羽化

从水里出来的江鸡会停在枝干上，待身体变干后开始羽化。羽化需要花费几个小时。江鸡把身体反过来弯曲着休息，还会把腹部露出来。

决定羽化的地点　　后背裂开缝隙　　等待翅膀展开　　羽化完成

✎ 水虿在夜里上岸后停在树枝上开始羽化。羽化在黎明前完成。

●伸长的水蛋的口器

水蛋口器的下唇可以快速伸展开，并以此来捕捉猎物。

正在捕食青鳉鱼的碧伟蜓的幼虫

青鳉鱼

蝌蚪　　　　　红虫

准备食物时要注意，水蛋只吃活的动物。

幼虫期可以喂食红虫和水蛋，长大了一些后放入青鳉鱼和蝌蚪。如果有食物残留，水质就会变脏，所以要及时清理。

●蜻蜓的产卵

蜻蜓在水中产卵。根据品种不同产卵的方法也不同。江鸡像叩击水面一样在水中散播卵；碧伟蜓和豆娘的同类在水草的草茎上产卵；无霸勾蜓则是把腹部的前端插入水中的泥浆里进行产卵。

江鸡的产卵
在水中散播卵

碧伟蜓的产卵
附着在水草上产卵

◆蜻蜓的同类◆

秋赤蜻　■体长40mm　■可观察时期·6~11月
■分布·北海道、本州、四国、九州

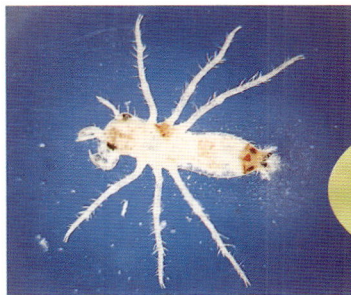

红蜻蜓的代表。幼虫生活在池塘和沼泽的底部。

幼虫　　　　　　　成虫

艾氏施春蜓　■体长85mm　■可观察时期·4~9月
■分布·北海道、本州、四国、九州

幼虫的特征是腹部平坦，翅展很宽。

幼虫　　　　　　　成虫

碧伟蜓　■体长70mm　■可观察时期·4~10月
■分布·北海道、本州、四国、九州、冲绳

人们通常说的蜻蜓就是指在田地和池塘经常可以看到的碧伟蜓。幼虫生活在池塘和泥沼的水草中。

幼虫

用腹部前端吸水并向后喷射，借助所产生的作用力前进。

成虫

膨腹丝螅　■体长46mm　■可观察时期·5~11月
■分布·北海道、本州、四国、九州

幼虫生活在池塘的水草中。

幼虫　　　　　　　成虫

✏ 蜻蜓是适应了飞行生活的昆虫，饲养像豆娘这样小型的成虫也需要各边长1米左右的正方形空间。可以在完成羽化之后就把它们放生。

龙虱

■体长 35~40mm　■可观察时期·一年之中　■分布·北海道、本州、四国、九州

　　龙虱虽然和独角仙一样是甲虫的同类，但已经适应了水中的生活。可以在水草很多的池塘进行采集。夏天它们还会循光飞来。在宠物商店也有龙虱出售。

盖子

龙虱能很好地利用后足在空中飞行。所以盖子一定要盖好。

饲养箱

准备好大型的水槽，并在里面放入碎石和水草等。日光浴用的栖息木也一起准备好。

！注意

● 在饲养箱太小的情况下，孵化好的幼虫会互相残食。所以要及时转移到别的容器里。饲养幼虫时无须准备空气泵。

水草

可以成为龙虱隐藏的地方。另外，放入窄叶泽泻等茎很粗的水草作为产卵之用。

栖息木

龙虱会不时从水里游上来进行日光浴。

空气泵

可以使用过滤水质用的泵。如果没有空气泵，则要注意水的清洁度。每次换掉三分之一到二分之一的水。

观察　龙虱的饲养方法

卵　附着在水草上产卵

幼虫　把屁股露出水面进行呼吸

蛹　在土壤中结蛹

羽化　经过20天左右羽化

　　龙虱的幼虫期约为40天、成虫能存活4~5年。

●用于产卵的容器

龙虱到了春天会在茎很粗的水草上产卵，所以事先在水槽里放入窄叶泽泻等水草。可以像下图一样，在矿泉水瓶子里装入水苔和土壤放置在产卵的地方。

空气泵

小鱼干

水草

产卵场所　在矿泉水瓶子里塞满水苔等物体后放进去

●结蛹时

幼虫在土中结蛹，所以要在水槽里面放入土壤。幼虫身体长至6～7mm，停止进食后即将结蛹。在准备用于产卵的容器时，可以在水苔下面放入土壤，龙虱会在那里结蛹。

水苔

土

草茎和一次性筷子等

食物

小鱼

小鱼干

线蚯蚓

蝌蚪

幼虫和成虫都是肉食性动物。可以喂给活的青鳉鱼和蝌蚪。

龙虱还食用小鱼干，但是注意不要喂食过量，以免食物残渣污染水质。

●龙虱的脚

游动时像桨一样的后足一起动作。雄性前足的第一节有吸盘，这是为了在交尾时能粘住雌性龙虱。

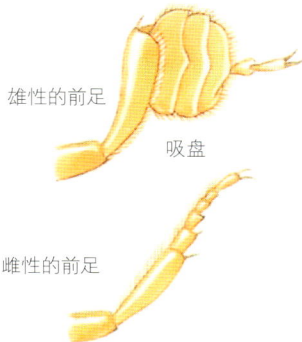

雄性的前足

吸盘

雌性的前足

日本突负蝽

■体长18～20mm　■可观察时期·5～6月　■分布·本州、四国、九州

雌性的日本突负蝽在交尾之后会在雄性的后背产卵。雄性则在孵化之前一直背负并看护着卵。

日本突负蝽可以在水田和池塘等地采集到，宠物商店也有出售。另外，它可能会刺伤人，所以要特别注意。

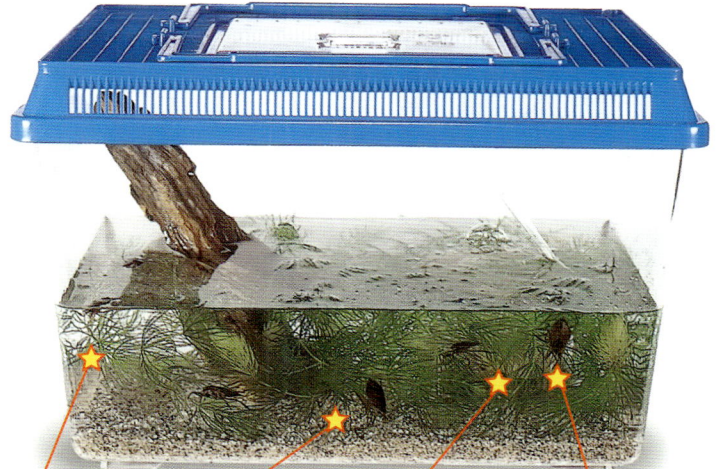

水草　可以成为日本突负蝽停留和躲藏的地方

碎石　底部铺上数厘米厚的碎石

饲养箱　可以使用比饲养龙虱的箱子更小的水槽，里面放入少量的水。注意饲养箱要放置在阳光不能直射的地方

空气泵

食物

日本突负蝽捕捉到猎物后吸食体液

日本突负蝽是肉食性昆虫。幼虫和成虫都可以喂食孑孓、蝌蚪和青鳉鱼。

要注意的是不要喂食过量，以避免食物残渣污染水质。

●孵化

到了春季，如果发现雄性日本突负蝽背上有卵就要把它移到别的容器。

孵化完毕的幼虫在1个月左右变为成虫。

孵化的瞬间

日本突负蝽的雄性在孵化时会一动不动地待在水面。可以放入大量的水草以便它能将背部露出水面。

大田鳖

■体长60~70mm　■可观察时期•春季~秋季　■分布•本州、四国、九州、冲绳

　　大田鳖是蜻总科的同类里面最大型的昆虫。它们生活在水田和池塘等地，近年来因为滥用农药的原因数量在不断减少。到了夏天的晚上还会循光而来。宠物商店有东南亚进口的大田鳖出售，饲养的方法和日本的大田鳖一样。

盖子

　　大田鳖会飞，所以一定要盖好盖子。

饲养箱

　　准备好大型的水槽。在水槽底部铺上数厘米厚的碎石，并放入少量的水。

空气泵

　　使用小型的空气泵使水质长时间保持清洁。

食物

　　大田鳖是肉食性动物。可以喂给活的蝌蚪和小鱼。它们用像钩子一样尖锐的前足捕捉猎物，再用针一样的嘴吸食猎物的体液。

捕捉到蝌蚪的大田鳖

蝌蚪

小鱼（青鳉鱼等）

观察　大田鳖的产卵和孵化

产卵　左边是雌虫，右边是雄虫

雄虫正在看护卵

孵化　朝着水面落下

　　大田鳖边交尾边产卵。雄虫在给卵补充水分防止其干燥的同时，在孵化前停止进食以便看护卵。

漂流木

在饲养箱里放入漂流木和茎很粗的水草等。大田鳖在春夏两季时产卵。和饲养龙虱的方法一样，放入用矿泉水瓶制作的饲养工具后，它就在一次性筷子上产卵。大田鳖会抓住漂流木以便进行呼吸。

产卵容器　　水苔

一次性筷子等　　土壤

大田鳖的呼吸

抓住漂流木，把屁股前端的呼吸管露出水面进行呼吸

！注意

●大田鳖会发生互相残食的情况。并且，在产卵时，后来产卵的雌虫会把之前雌虫产下的卵推到水里面。最好把雄虫、雌虫按一瓶一只的方法来饲养。

●过冬

野生的大田鳖藏在落叶下面和池塘周围的土壤里面过冬。

把饲养箱放在没有温度差、不会结冰的室外过冬吧。

水螳螂

■体长43mm　■可观察时期·春季～秋季
■分布·北海道、本州、四国、九州、冲绳

水螳螂因为有着和螳螂一样的镰刀状前足而得名。它们生活在水质清澈的河流和池塘里面。

水螳螂的饲养方法和大田鳖一样。饲养时要注意保持水质的清洁。

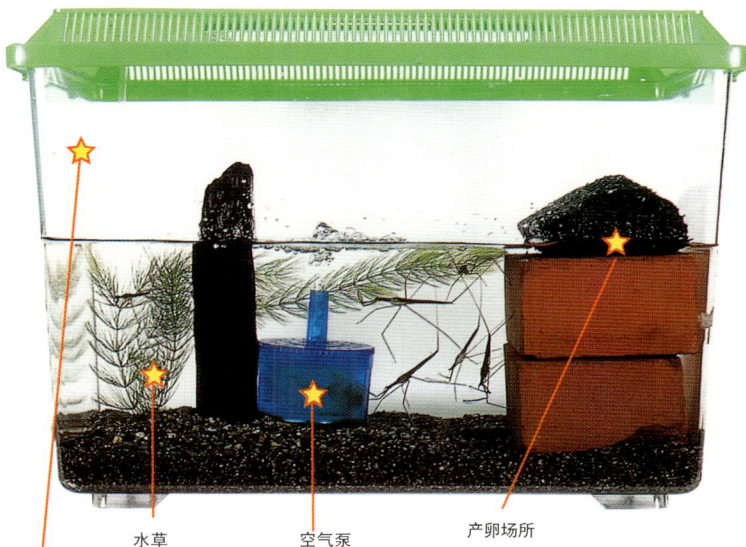

水草　　　空气泵　　　产卵场所

在水边的土壤和水苔上产卵

饲养箱

水槽比大田鳖用的小一点也可以。在里面放入一半的水，底部铺上数厘米厚的碎石。

把水螳螂放入和大田鳖同样的饲养容器后，它会在水苔上产卵

水螳螂的卵

●食物

可以喂给和大田鳖同样的活小鱼以及蝌蚪。

蝌蚪

小鱼（青鳉鱼等）

捕捉到猎物的水螳螂

用前足锋利的镰刀捕捉猎物后再用突出的嘴巴吸食它的体液

✎ 大田鳖的幼虫会发生互相残食的情况。完成孵化后可以按一瓶一只的方法来饲养。

水黾

■体长15~25mm ■可观察时期·春季~秋季 ■分布·北海道、本州、四国、九州

成群的水黾

水黾是在池塘和沼泽等地方的水面轻快地移动的昆虫。采集时不需要水，使用捕虫网捕捉后放进瓶子和口袋里带回家。

盖子

水黾会飞，所以一定要盖好盖子。

饲养箱

可以用小型的水槽饲养，但宽阔的水面有利于水黾的移动，所以最好不要用瓶子等容器饲养。

另外，无须放入过深的水。底部铺上碎石，放入水草和岩石、木片等物品，放在明亮的地方即可。

空气泵

使用小型的空气泵，让水质长时间保持清洁。

食物

水黾主要捕捉落到水面的昆虫，并吸食它们的体液。可以将活着的苍蝇和蚊子撒在水面上供它们食用。

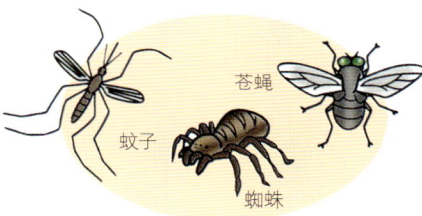
蚊子　苍蝇　蜘蛛

● 孵化

产在水草上的卵大概经过1周时间就会孵化。

水黾能通过水面波纹的震动感知到食物的掉落。还能通过分辨波纹的方向得知食物的具体位置。

水黾正在捕捉掉落到水面的蝼蛄的幼虫

观察　水黾的脚

水黾的身体很轻，脚长有防水的毛，再加上水面的张力，所以不会沉到水里去。但如果换成张力很小的肥皂水，它就会往下沉了。

水黾的脚尖

　水黾的幼虫吸食落到水面的小昆虫的体液，它的饲养方法和成虫大致相同。另外，要将幼虫与成虫分开饲养以防互相残食。

豉甲

■体长10～15mm　■可观察时期·春季～秋季　■分布·北海道、本州、四国、九州、冲绳

豉甲是在水面像画圈一样旋转游泳的昆虫。它们平常生活在水田、池塘和沼泽里，受惊吓后会潜入水中，过一阵子才会浮上来。

成群的大豉甲

盖子　豉甲是会飞的昆虫，所以盖子要盖牢

饲养箱　可以使用小型的水槽。放入少量的水，底部铺上碎石，再放入加拿大黑藻等水草。将其放置在明亮的地方

产卵的地方　豉甲把卵产在加拿大黑藻和睡莲的叶子上。完成孵化的幼虫会爬到陆地上，结成粘有泥土的茧。因此要在水槽里放入土壤。也可以用饲养龙虱和大田鳖的工具代替（详见40、42页）

空气泵　净化水质。使用小型泵

食物

成虫和幼虫都是肉食性动物。很小的幼虫可以喂给水蚤。

成虫的食物

稻飞虱和叶蝉
苍蝇

幼虫的食物

赤虫
水蚤　孑孓

松藻虫

■体长12～14mm　■可观察时期·5～9月　■分布·北海道、本州、四国、九州

身体翻转着生活在池塘和沼泽等水平面的下方，也经常出没在水草丰盛的地方。松藻虫会刺伤人，所以要用捕虫网来采集。

松藻虫

盖子

饲养箱　准备好中型的水槽，底部铺上碎石

空气泵　可以使用小型的空气泵。没有也无妨

水草　可以多放入像黑藻类的水草

食物

喂给幼虫水蚤和孑孓。

稻飞虱和叶蝉
苍蝇

吸食体液

观察　松藻虫的饲养方法

松藻虫在一株水草的草茎上只产一颗卵。卵经过2周左右孵化。幼虫经过大约1个月可以进化为成虫。

卵

孵化

幼虫

松藻虫在食物不足的情况下会互相残食。因此要在饲养箱里放入足量的食物。

蜗牛

同型巴蜗牛　■壳的直径约25mm　■分布·本州、四国北部
三条蜗牛　　■壳的直径约40mm　■分布·本州、关东地区和中部地区的东部

三条蜗牛

蜗牛是生活在陆地上湿润场所的螺类。在雨后的清晨经常能看到它。可以在晴朗的白天，在落叶的下面和树木的根部、石头的背阴处等地寻找并进行采集。采集时最好用筷子等工具将它夹起来。

盖子

蜗牛会沿着玻璃爬到饲养箱的上部，所以一定要盖好盖子。

饲养箱

可以用装草莓的塑料盒子和空瓶进行饲养。如果饲养的数量比较多要使用水槽。

土壤

铺上腐叶土、独角仙、鹿角甲虫等昆虫用的土壤等。如果有落叶也可以放进去。还需要经常保持饲养环境的湿润。

攀援木

蜗牛待在树枝和树叶上的时间比较多，可以在饲养箱里放入可以用作攀援木的漂流木和树枝。放入带叶子的蜜柑树枝时还可以供它食用。

同型巴蜗牛

! 注意

●为了防止阳光直射，可以把饲养箱放在朝北的窗户旁边。

●每天都要喷洒水，以增加湿气。

观察　蜗牛的身体构造

眼睛
在长长的突起前端有黑色的眼睛，并向着视线的方向转动

触角
通过触角的触碰来感知和确定物体

冬眠隔膜

在寒冬来临时，蜗牛壳的开口处会形成一层隔膜直到天气转暖。酷暑季节到来时，如果太过干燥，也会形成一层被称为"夏眠隔膜"的薄膜。

✏ 蜗牛会携带寄生虫，因此尽量不要去触摸它。如果触摸之后一定要认真洗手。

胡萝卜 卷心菜 西瓜

青瓜 鸡蛋壳 番薯

蜗牛食用蔬菜和水果。可以喂给它们卷心菜和胡萝卜、青瓜、番薯等新鲜蔬菜。另外,吃剩的食物要及时清理。

●鸡蛋壳

鸡蛋壳是促进蜗牛壳生长的重要食物。钙质对于蜗牛壳非常重要,因此要适时地喂给粉碎的鸡蛋壳。

●蜗牛的产卵

交尾
蜗牛同时具有雄雌两种性征,是雌雄同体的生物。在饲养时,任意两只蜗牛在一起就能繁殖后代。5～6月是蜗牛繁殖的季节

产卵
蜗牛从喉咙的部位产卵

孵化
从卵进化为幼虫时已经背着壳了

实验 蜗牛走路方式的实验

蜗牛在玻璃平面上移动时,可以观察到它腹部的血管。在血管的作用下蜗牛的脚部才会前进。

攀登树枝
蜗牛可以攀登垂直的树枝

走钢丝
蜗牛可以利用足部卷住很细的线,并沿着线顺利地前进

裁纸刀的刀刃上
在裁纸刀锋利的刀刃上,蜗牛也可以顺利前进。黏液保护蜗牛的身体不会被刀刃划伤

✏️ 蜗牛在交尾后的3个星期到1个月的时间里,在湿润的土壤和腐叶土里面产下30～60个卵。卵在1个月左右孵化。

鼠妇（团子虫）

团子虫

团子虫　■体长9~12mm　■分布·日本全国

鼠妇虽然又名团子虫，却不是昆虫的同类。它们隐藏在石头和盆栽的下面，食用落叶等，也可以在住宅的附近看到。

饲养箱

使用小型的塑料盒子也可以饲养。饲养数量很多的情况下要选择较大的饲养箱。

土壤

可以放入在园艺店里出售的腐叶土，以及鼠妇采集地的土壤。

食物

可以喂给狗粮和卷心菜、落叶等。

狗粮

躲藏的地方

鼠妇白天时会成群聚集在石头下面。饲养时可以在箱里放入花盆碎片和石头等。

湿气

土壤要一直保持干燥。可以适时喷洒少量的水。

！注意

●孵化好的鼠妇幼虫和父母一起饲养时会被父母吃掉。最好在幼虫出生后就把它和父母分开饲养。

观察　鼠妇保护自己的方法

休息以及感受到危险时，把身体卷成圆球以保护身体

观察一段时间后，慢慢地把身体伸展开来

完全起来后，马上开始移动

蜕皮

偶尔可以发现白色的鼠妇。这是它蜕皮之前的样子。通常从身体的半截处开始蜕皮

鼠妇的饲养方法

可以看到鼠妇腹部的卵

孵化之后的幼虫附在父母的腹部

幼虫成长后身体开始变色

🖊 鼠妇在5~6月时开始由卵进化为幼虫。

蚰蜒

- 体长20~25mm
- 分布·本州、四国、九州

蚰蜒是和蜈蚣、马陆等一样被称为"多足类"的动物。被它咬到会非常痛，所以接触时要使用小镊子和筷子，不能直接用手触碰。

盖子

玻璃如果有少量的污渍，蚰蜒就会顺着往上爬。所以一定要盖好盖子。

饲养箱

可以用小型的塑料盒子进行饲养。放入花盆碎片和落叶作为蚰蜒的藏身之处，还要适时地喷洒水。

可以喂给蚰蜒活的蟋蟀幼虫、灶马蟋和蜘蛛等食物。如果没有，可以喂食从贝壳剥出的贝肉和用牛奶泡的面包。

土壤

可以使用园艺店出售的赤玉土、腐叶土、独角仙和鹿角甲虫用的昆虫垫等。

食物

灶马蟋

用牛奶浸泡的面包

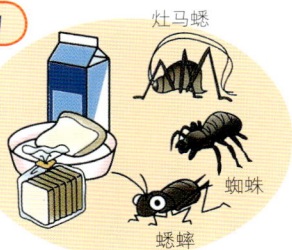

蜘蛛

蟋蟀

⚠ 注意

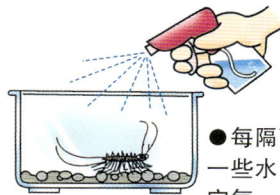

● 每隔两天喷洒一些水，以湿润空气。

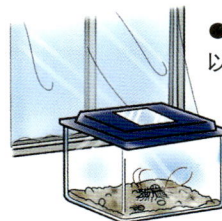

● 不要放在阳光可以直射的地方。

蚯蚓

赤子爱胜蚓

- 体长7~10cm
- 分布·日本全国

蚯蚓的头部和眼睛都有触角。它们生活在土壤里面，是促进落叶分解的重要生物。3周左右蚯蚓就能把每次吃掉的家庭厨余垃圾转化成土壤。

赤子爱胜蚓

饲养容器

可以使用通气性很好的花盆。只要在温度和湿度不太高，以及有食物的情况下蚯蚓就不会逃走。

土壤

最好使用混有落叶的土壤、园艺店出售的腐叶土等。

食物

蚯蚓平常食用落叶，除此之外还可以喂给茶渣。

茶叶

观察 蚯蚓的头

蚯蚓有环带的一端是头部。可以在蚯蚓移动时仔细观察。

⚠ 注意

● 不要放在阳光直射的地方。

● 发现蚯蚓有逃走的迹象时要把底部的洞堵住，再用网盖住。

✏ 蚯蚓是雌雄同体的动物，雄性和雌性没有区别。饲养两条以上时，任意一条都能产卵。

卡氏地蛛

■体长10~18mm ■分布·日本全国

卡氏地蛛是在土壤里面筑巢生活的原始蜘蛛。蜘蛛和它的同类们不是昆虫,但是生活形态和昆虫相似,因此可以用同样的方法饲养。

饲养箱

卡氏地蛛可以用塑料箱子和水槽饲养。东卡氏地蛛是很小的蜘蛛,可以用小箱子来饲养。

土壤

尽量使用很小粒的沙子和土壤。土壤的深度在10cm左右。

树桩

在饲养箱里面埋进小的树桩或石头,露出一点在外面。在树桩周围挖出几个小洞,卡氏地蛛会在那里筑巢。

● 让卡氏地蛛筑巢

在新环境中,卡氏地蛛会在水槽壁的边缘寻找筑巢的地方。它经过的地方会留下蜘蛛丝。

食物

卡氏地蛛需要食用活的动物。可以喂给在宠物商店买的黄粉虫、去掉翅膀的苍蝇、把石头翻过来就能找到的小鼠妇、青虫等。

去掉翅膀的苍蝇

青虫

黄粉虫

鼠妇

巢

巢的入口

在饲养箱的外层表面贴上黑色的纸,并在其中一个角挖出一个小洞,卡氏地蛛便会在此筑巢。可以适时地掀开外面的纸,观察卡氏地蛛在巢里面的样子。

观察 卡氏地蛛的筑巢方法

①首先选择能遮风避雨的树木的根部作为筑巢的地方。

②卡氏地蛛用自己吐出的丝织出袋子,在地面挖出洞眼。

③卡氏地蛛钻入袋子后再潜进地洞。

④把洞口隐蔽之后筑巢就完成了。

可以在饲养箱里种上草,并适时地喷洒水,作为卡氏地蛛的饮用水。

●虽然卡氏地蛛喜欢生活在干燥的土壤里，但是也需要一周喷洒一次水给土壤增加湿气。如果环境过于干燥，卡氏地蛛会因此死亡。

木村蜘蛛

■体长9~17mm
■分布·九州、冲绳

木村蜘蛛是一种在巢的开口处装上门的蜘蛛。食物和饲养箱等要求和卡氏地蜘一样。

●卡氏地蛛的捕捉方法

卡氏地蛛在树木根部的干燥土壤里以及雨淋不到的地方筑巢。可以以它织的袋子为目标进行寻找并捕捉。

①轻轻晃动巢。

②卡氏地蛛会往上爬。

③抓住巢的下半部分，把它抽出来。

●捕捉猎物的方法

①木村蜘蛛的巢搭筑在悬崖等地，这是巢的门。为了迷惑即将成为猎物的昆虫，木村蜘蛛特意进行了伪装。

②木村蜘蛛稍稍把门打开，在里面静静地等待猎物的靠近。

●抚育幼虫

母蜘蛛在巢里养育幼虫。幼虫独立捕捉到猎物之后，就能独自行动了。

③如果有猎物靠近，木村蜘蛛就迅速从洞口冲出来，抓住猎物并拖回巢内食用。猎食时如果弄破了巢，木村蜘蛛会进行修补。

捕捉猎物的方法

①如果有猎物经过卡氏地蛛巢的上方，震动会传到巢里面。

②感觉到震动的卡氏地蛛在巢里面对猎物进行扑咬。

③卡氏地蛛咬住猎物后把它拖进巢里食用。

④卡氏地蛛会对咬破的巢进行修补，并等待下一个猎物。

✎ 蜘蛛的同类捕食蟑螂和苍蝇等害虫，是对人类有益的生物。

● 蜘蛛的同类 ●

森林漏斗蛛
■15~17mm ■北海道、本州、四国、九州
■7~10月 ◆森林漏斗蛛在盆栽的树等地方张开像架子一样的网。夜里张开蜘蛛网，早晨再将网收起来。

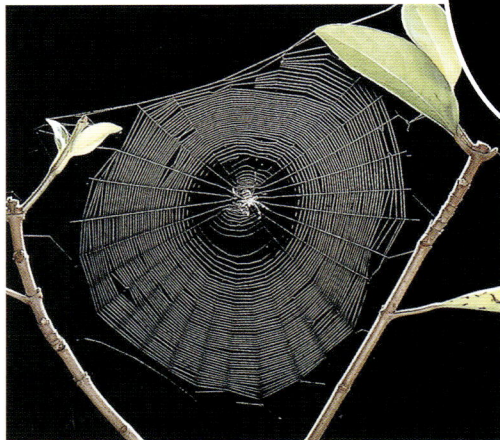

板隅希蛛
■2~3mm ■日本全国 ■6~8月 ◆板隅希蛛在悬崖和石墙的缝隙里面，用石头和沙子制作出像吊钟一样的巢。

大蜘蛛
■雄性4~6mm，雌性6~8mm ■日本全国 ■全年 ◆大蜘蛛是人们常常可以看到的蜘蛛。傍晚开始张开蜘蛛网，早晨再将网收起来。

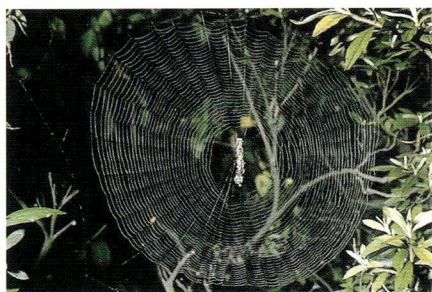

黄金蜘蛛
■雄性5~6mm，雌性20~25mm
■本州、四国、九州、冲绳 ■6~9月 ◆黄金蜘蛛又被称为络新妇。每次张开的网能使用好几天。食用各种小型昆虫和独角仙、螳螂、秋蝉等大型昆虫。

八瘤艾蛛
■雄性7~8mm，雌性12~14mm ■本州、四国、九州 ■4~9月 ◆八瘤艾蛛潜伏在蜘蛛网中央的食物残渣和皮屑里等待猎物。它的巢在网中央。

条斑雅蛛
■6~7mm ■日本全国 ■4~9月 ◆条斑雅蛛是在草和树叶上面来回走动的蜘蛛。到了冬天，会在树皮等地方的下面制作出袋子一样的巢，然后在里面过冬。

斜纹猫蛛
■雄性7~9mm，雌性8~11mm ■本州、四国、九州、冲绳 ■5~8月 ◆斜纹猫蛛待在树叶和地面上，张开的网不收起来。这是正在看护卵囊的雌性斜纹猫蛛。

粽管巢蛛
■雄性5~6mm，雌性7~9mm ■日本全国 ■5~9月 ◆粽管巢蛛把稻科植物的叶子卷起来筑巢。晚上四处走动，白天待在巢里面。

观察　蜘蛛的丝

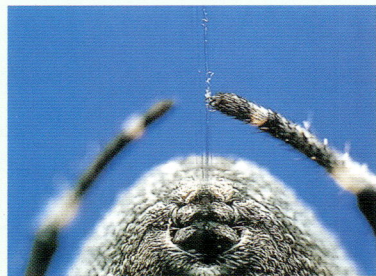

竖丝

横丝

大蜘蛛吐丝的器官
大蜘蛛从尾巴的前端（纺丝器）吐出丝

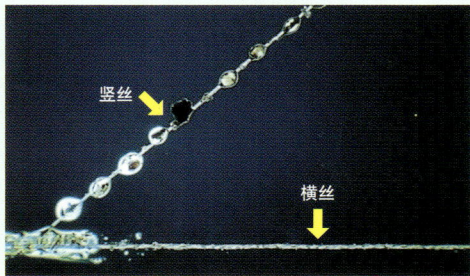

大蜘蛛的丝
大蜘蛛竖着的丝黏附着用来捕捉猎物的液体。横着的丝则没有

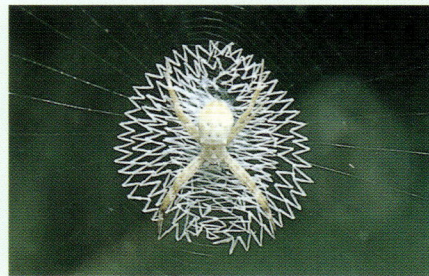

黄金蜘蛛幼虫的藏身之处
黄金蜘蛛的幼虫在四周吐出很细的丝，让天敌很难发现自己

蜘蛛的身体分为由头部和胸部组成的头胸部和腹部，并有八只脚。它几乎可以捕食到所有的昆虫。

动物·宠物

宠物商店可以看到很多可爱的小动物。在这章我们要介绍像仓鼠和鼬这样有人气、容易饲养的哺乳类动物，以及青蛙、乌龟、蜥蜴等两栖类和爬虫类动物，还有包括鸡在内的鸟类。

花栗鼠

仓鼠

黄金仓鼠 ■啮齿目仓鼠科 ■体长12~16cm ■体重约130g ■原产地·叙利亚、以色列

黄金仓鼠

仓鼠是一种容易饲养、人气很高的宠物。虽然寿命只有短短2~3年，但是正确的饲养方法能使它活得更长久。

饮水器
每天都喂给黄金仓鼠新鲜的水。

笼子
仓鼠可以用笼子（饲养箱）和水槽等容器饲养。

玩具
为了缓解仓鼠的运动不足以及能让它放松心情，可以给它提供玩具。最好是买仓鼠可以放心啃咬的木制玩具。

巢箱

餐具
可以选择不怕仓鼠啃咬的陶瓷制品。

巢箱可以让仓鼠放松心情。白天仓鼠要睡觉时会自己钻进去。

地板
铁丝做的地板会绊住仓鼠。铺上木屑和牧草可以让它感觉舒适。还可以作为仓鼠筑巢的材料和缓冲物。

观察 仓鼠的饲养方法

出生后1天
没有毛的红色的仓鼠幼崽

出生后5天
身体的轮廓已经显现出来了

出生后7天
长出稀疏的毛

出生后15天
眼睛也睁开了，可以自己来回活动了

在仓鼠笼子里决定好放置食物的地方后就一直保持不变。

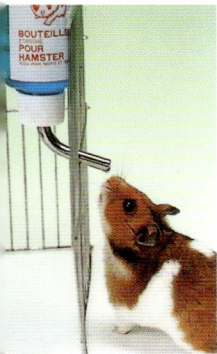

跑轮

野生的仓鼠是每天都会行走数公里的动物。为了缓解生活在窄小笼子里仓鼠的运动不足，可以放入跑轮让它运动起来。

厕所

仓鼠能学会上厕所。在厕所里面放入木屑等材料，仓鼠在上面排便后要及时更换，使环境一直保持清洁。

食物

仓鼠在老鼠的同类中是杂食性的动物。主要食用仓鼠粮。注意不要过量喂食蔬菜和水果、葵花子等。

仓鼠粮

葵花子　　　苹果

番薯　　　胡萝卜

！注意

● 在寒冷的冬日，仓鼠会冬眠。如果放置不管，仓鼠可能会死掉，所以要采取保暖的措施。

● 除了需要繁殖的情况，其他时间最好只饲养一只仓鼠。公母一起饲养会不断繁殖，数量会不断地增加。

● 仓鼠是夜行性动物。白天大多数时间在睡觉。这种情况下不要去惊醒它。

实验　颊囊实验

①准备好100粒葵花子。

②面对最喜欢吃的葵花子，仓鼠不是先吃，而是放进颊囊。

③几乎所有的葵花子都被仓鼠放进颊囊里。

④仓鼠把100粒葵花子放进颊囊里再运回自己的巢。

仓鼠在食用了水分含量高的蔬菜后就很少喝水，但还是要准备好饮用水。

●仓鼠的同类●

■体长 ■体重 ■原产地 ◆主要特征

坎贝尔侏儒仓鼠
■11cm ■约40g ■蒙古、俄罗斯贝加尔湖畔，中国北部 ◆坎贝尔侏儒仓鼠个性有点强，会咬人。

黄金仓鼠
■12～16cm ■体重约130g ■叙利亚、以色列 ◆黄金仓鼠很久以前就是很受欢迎的仓鼠。

短尾侏儒仓鼠
■8.5cm ■30～40g ■哈萨克斯坦～西伯利亚、中国北部 ◆短尾侏儒仓鼠是小型仓鼠里面人气最高的。

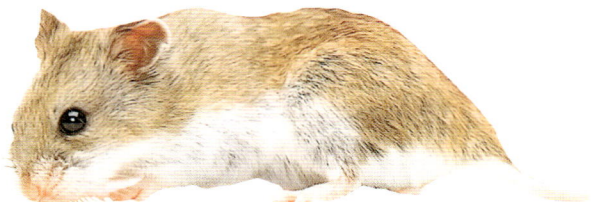

中国仓鼠
■10cm ■30～40g ■中国西北部、内蒙古自治区 ◆中国仓鼠是一种尾巴比其他同类长一点的仓鼠。

小毛足鼠
■约7cm ■15～30g ■俄罗斯 ◆小毛足鼠在宠物仓鼠里面体型最小。

欧洲仓鼠（黑腹仓鼠）
■约30cm ■700～1000g ■欧洲～西西伯利亚低地 ◆欧洲仓鼠是仓鼠中体型最大的。不喜欢和人接近，不适合作为宠物饲养。

●仓鼠相关的商品

小型仓鼠用管道
这是可以从各个角度以及自己喜欢的形状来组合的管道

跑轮
从底座拆下来后能四处滚动，这样就可以和仓鼠在室内玩耍

带温度计的餐具
是可以检测适宜仓鼠温度的餐具

巢箱
用较硬的素材制作，不会被仓鼠咬坏

餐具
陶瓷制的小餐具

木制饮水器
立式设计的饮水器可以放置在笼子里使用

小型仓鼠用迷宫
仓鼠可以顺着小型迷宫前进和玩耍

跑轮计算器
可以计算出仓鼠每天用跑轮跑了多少圈

每个人都有自己独特的喜好，仓鼠也一样，它会有不喜欢玩的玩具。仔细观察自己饲养的仓鼠的个性，为它们选择合适的玩具。

豚鼠

- 啮齿目豚鼠科
- 体重0.6~1kg
- 体长25cm
- 原产地·南非

豚鼠作为宠物在日本非常有人气。长毛、卷毛、奇异毛色的品种等都有被饲养。

笼子

可以使用饲养兔子用的大笼子。有的笼子一开始就装有餐具和饮水器。为了方便照顾，可以选择门比较大的笼子。

锁

豚鼠虽然不会自己打开门，但同时饲养别的动物时最好把门锁起来。

饮水器

豚鼠的饮食以蔬菜为主，平时很少喝水。在喂给豚鼠粮时要准备好饮用水。

磨牙棒

磨牙棒可以作为豚鼠的玩具。还可以帮助预防牙齿过度生长。磨牙棒有用稻草做成的和木板组合起来的两种。

地板

豚鼠尿和粪便的量很多，所以每天都要清扫。选用网格状的地板，清扫起来就很简单。

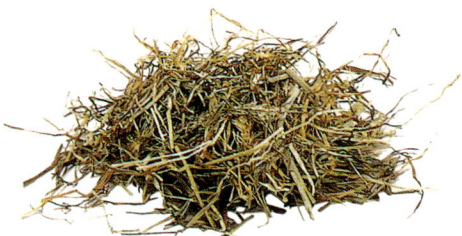

也可以铺上稻草。

食物

玉米
胡萝卜
卷心菜
豚鼠粮

虽然喂豚鼠粮很方便，但也要补充胡萝卜和卷心菜等蔬菜，以及苹果等水果。

●整理毛发

长毛的豚鼠每天都需要梳理毛发。短毛的豚鼠可以适时地用牙刷等工具顺着毛生长的方向进行梳理。这样有助于皮肤健康。

●培养感情

首先要给豚鼠取个名字。每天在喂食时边喂边呼唤它的名字。渐渐习惯之后，只要叫它的名字就会发出"咕噜咕噜"的叫声，代表着它在回应主人。

咕噜咕噜

豚鼠最初是作为实验用的动物被研究机构饲养。近年来作为宠物饲养的情况多了起来。

小老鼠、小白鼠

小老鼠 ■啮齿目鼠科 ■体长6.5~9.5cm ■体重12~30g
■原产地·欧洲

小白鼠 ■啮齿目鼠科 ■体长22~26cm ■体重约400g
■原产地·欧洲

老鼠

小老鼠和小白鼠都是作为实验用动物被饲养的。作为宠物被饲养时也和主人很亲近。

笼子

小老鼠和小白鼠都可以用饲养仓鼠的笼子以及水槽进行饲养。

跑轮

跑轮可以让小老鼠和小白鼠保持运动。老鼠可以使用仓鼠用的跑轮。小白鼠如果使用小型的跑轮会有被夹伤尾巴的可能。

巢箱

如果放入事先准备好的巢箱，老鼠和小白鼠会把它当成自己睡觉的地方。里面比较暗的光线可以让它们放松平静下来。

饮水器

每天准备好新鲜的饮用水。

餐具

虽然小老鼠和小白鼠不会打翻餐具，但是它们会啃咬塑料制的餐具，所以最好选择陶制餐具。

厕所

在笼子里放进厕所后，它们会记住厕所的位置。

食物

可以喂给和仓鼠一样的食物。仓鼠粮和蔬菜、水果和树木的果实。小白鼠比小老鼠更喜欢动物性的食物。

胡萝卜

葵花子 苹果

花生 小鱼干

实验

搭建出迷宫，计算小老鼠和小白鼠到达放置奶酪的地方需要花费多少时间。

它们在多次实验的过程中记住了道路，因而很快能到达放置奶酪的地方。

第一次   第五次

⚠ 注意

● 饲养时不要让它逃走。

● 小老鼠和小白鼠的弹跳力都很强，在使用没有盖子的水槽时可能会逃跑。

● 公母一起饲养的情况下会不断繁殖，数量迅速增加。

为了培养实验用动物，分别将鼷鼠、褐鼠家畜化从而产生了小老鼠和小白鼠。

绒毛丝鼠

■啮齿目毛丝鼠科 ■体长25~26cm
■体重390~500g ■原产地·南美

野生绒毛丝鼠的毛皮价值很高，因而遭到人类的大量捕杀导致一度灭绝。之后重新繁殖成功，作为宠物被广泛地饲养。

笼子

绒毛丝鼠会蹦蹦跳跳，进行激烈的活动，所以需要大型的笼子。并且会爬到较高的地方，所以最好在笼子里放进两层的小房子。

锁

绒毛丝鼠的腿虽然很短，但是很灵活。为了保险起见，请在门上准备好牢固的锁。

跑轮

可以准备好大型的跑轮给活泼好动喜欢转圈的绒毛丝鼠。大型的跑轮在毛丝鼠专卖店、大型宠物商店有出售。

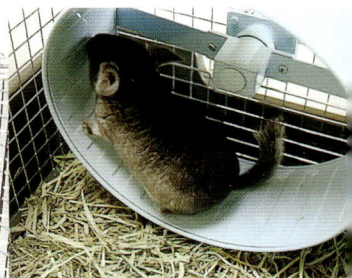

饮水器

虽然从蔬菜中可以摄取水分，但是在喂给绒毛丝鼠粮的情况下，要准备好大型的饮水器。每天都要更换新鲜的水。

巢箱

可以准备兔子用的巢箱作为绒毛丝鼠放松平静的地方。

餐具

绒毛丝鼠会把餐具打翻，所以要选择很重的陶制餐具。

地板

地板上铺上新鲜的牧草和稻草，还可以作为会四处飞跑的绒毛丝鼠的缓冲垫以及食物。

食物

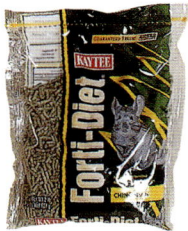

毛丝鼠粮

玉米

胡萝卜

卷心菜

虽然可以喂给草食性动物的绒毛丝鼠蔬菜、牧草、稻草等，但是最好使用包含了必需营养的绒毛丝鼠粮。

● **砂浴**

绒毛丝鼠有着极为纤细的毛。为了保持毛色的柔亮，一定要让绒毛丝鼠进行砂浴。砂浴除了能让毛色保持柔亮，还可以除掉身体上附着的寄生虫。

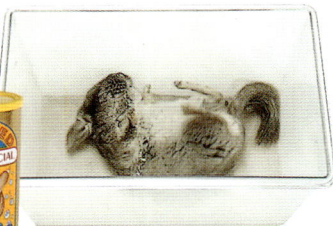

砂浴用的砂

观察 绒毛丝鼠的脚

绒毛丝鼠可以灵活使用短短的前脚来进食，还可以单手拿着牧草和稻草进食。站立是绒毛丝鼠的特技，能站立着四处张望。

野生的绒毛丝鼠是夜行性的动物，白天在岩石之间的巢里面休息，晚上从巢里面出来吃草。

花栗鼠

■啮齿目松鼠科 ■体长2~17cm ■体重50~120g ■分布·亚洲东北部

花栗鼠虽然是擅长攀登树木的动物，但是却在地面挖掘地洞筑巢，是半树上生活的动物。如果从幼年开始饲养就会和主人非常亲近，还会在人的手臂上爬行。

笼子

花栗鼠会爬树，还会翻跟斗进行玩乐，所以要准备比较高的笼子。

巢箱

使用比较高的、鹦鹉用的巢箱。作为筑巢的材料，笼子放进稻草和牧草等时花栗鼠会自己把它运回巢箱里。

攀援木

可以给擅长爬树的花栗鼠准备好容易攀登的树枝。

跑轮

如果跑轮太小，花栗鼠尾巴的毛可能会被摩擦到。最好选择和花栗鼠体型相匹配的跑轮。

厕所

放进准备好的厕所，花栗鼠会记住厕所的位置。厕所里面可以放进木屑等材料，在被弄脏之后进行更换。

地板材料

铺上木屑和牧草等材料。使用网格状的木板时要在木板下面铺上宠物用的吸水厕所垫。

核桃
苹果
葵花子
胡萝卜
番薯

餐具

选择花栗鼠不能啃咬的、较硬的陶瓷制餐具。

锁

花栗鼠能灵活使用前肢打开笼子，所以最好在笼子的各处都上锁。

食物

喂给葵花子和苹果、核桃等食物。

饮水器

每天都喂给新鲜的水。

观察　进食的方法

花栗鼠用颊囊进行食物的存储。

花栗鼠可以用前爪来拿食物。

！注意

● 野生的花栗鼠在秋天结束之前会在巢里存储大量的食物。然后在冬天时，边食用这些食物边冬眠。但如果是被饲养的花栗鼠则可能会发生在冬眠中因营养不足而死亡的情况，所以在冬天一定要注意给花栗鼠保暖，不要让它进行冬眠。

对于那些成熟美味的树木的果实，花栗鼠可以像人一样分辨清楚。

刺猬

大耳刺猬　■猬形目猬科　■体长15~28cm
■体重220~350g　■分布•亚洲、非洲

刺猬是全身覆盖着像钢针一样的毛的动物。虽然在日本人们称它为针老鼠，但其实它是鼩鼱的同类。

大耳刺猬

铁制的笼子容易卡住刺猬的刺和爪子，所以用水槽和塑料容器进行饲养吧。

饲养箱

盖子

虽然刺猬不会逃跑，但是有其他宠物在的场合一定要盖好盖子。

饮水器

刺猬不能站立起来，所以饮水器的出水口要设置在刺猬把脸仰起来就能够得着的高度。每天都准备好新鲜的水。

巢箱

刺猬没有巢箱也可以，但放进鼬使用的管道、木制的巢箱等物品能使刺猬平静放松。到了冬天气温较低时，需要在巢箱的下面放进电加热器进行保温。

地板

铺上3~4cm深的木屑和牧草等。多数情况下，刺猬会在固定的地方大小便，2天左右就要更换弄脏的牧草。

宠物用电加热器

黄粉虫　煮鸡蛋　蟋蟀

香蕉

刺猬是鼩鼱的同类

食物

刺猬是鼩鼱的同类（鼩鼱目=食虫目），所以主要食用蟋蟀和黄粉虫等昆虫。和刺猬一样有刺的箭猪也是老鼠的同类（同属啮齿目），所以食用番薯和树木的果实。

餐具

刺猬会把餐具打翻，所以尽量选择很重的陶瓷制的餐具。并且，食物是活虫时有可能会从餐具里逃出来，所以最好选用有一定深度的餐具。

实验　刺猬保护自己的方法

①感觉到危险时，刺猬会把脸和手脚一起藏起来，变成一个长满刺的圆球。

②危险过去后，刺猬会把脸一点点地露出来，观察周边的样子。

③确认安全了之后，刺猬再把脸和手脚露出来，四处活动。

④刺猬的刺又硬又尖，可以轻松刺破气球。

近年来在宠物商店也有食虫动物用的专用粮出售。

鼬

■食肉目鼬科 ■体长30~46cm ■原产地·欧洲

鼬是食肉动物黄鼠狼的同类。不会发出很大的叫声，并且和主人非常亲近，是很有人气的宠物。

笼子

鼬是喜欢来回跑动的动物，所以要选择可以进行运动的大型笼子。

吊床

吊床是鼬睡觉的地方。在笼子里放入吊床后鼬就会自己爬进去。吊床悬在空中，不会弄脏鼬的身体。

厕所

鼬可以记住厕所的位置。可以购买鼬专用或是兔子专用的厕所。厕所里面铺上猫砂，弄脏之后马上更换。

玩具

如果放入预先准备好的管道，鼬会潜进去玩耍。可以放入玩具供它玩耍。

观察 鼬的玩具

鼬非常喜欢会动的玩具。还会经常玩球。

即使在窄小、弯曲的管道里面，鼬长长的身体也可以灵活柔软地通过。

锁

鼬在嬉戏玩耍时可能会把门打开，所以门一定要上锁。

餐具

鼬在肚子饿了时会把餐具打翻，所以一定要选择很重的陶瓷制品或者是可以固定在笼子里的餐具。

据说鼬是由欧洲雪貂家畜化而来的。

楼梯 如果笼子内部是两层构造的，可以看到鼬爬楼梯的样子。爬楼梯还可以作为鼬的运动方式。

●和鼬有关的商品

饲养鼬时，有很多和鼬有关的便利商品可供选择。

鼬香波
鼬专用的香波

鼬泡沫香波
干洗香波

饮水器

鼬因为经常活动，所以会大量喝水。每天都给它准备新鲜的水。

球
从里面露出玩具鼠的脸

磨牙绳
兼具玩耍和清洁牙齿的效果

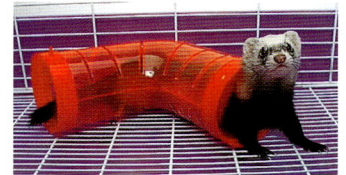

食物

作为主食，包含了鼬所必需的营养成分的鼬粮喂食起来很简单。鼬也会吃蔬菜和水果。

最喜欢吃香肠

胡萝卜

水煮蛋

苹果

香蕉

鼬专用的管道
鼬会潜进去玩耍的管道

鼬粮

实验 **鼬的管道实验**

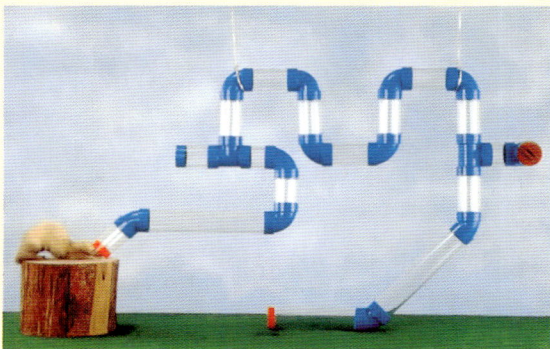

垂直的管道里面，鼬手脚并用努力爬下来。

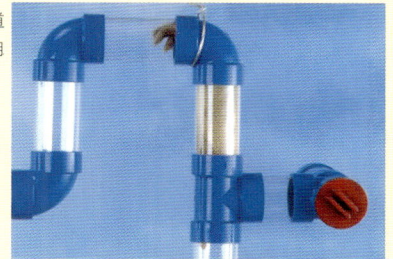

管道的大小最好是鼬刚好能通过的程度。

在弯曲的管道里面，鼬伸长身体潜行。

鼬轻松地就到达了终点。

✏️ 虽然鼬的粮食可以用猫粮代替，但是最好喂食鼬粮。

兔子

家兔

家兔 ■兔形目·兔科 ■体长38~50cm ■体重0.9~2kg
■原产地·欧洲

兔子是温顺且容易饲养的动物。能抵御冬天的严寒，却害怕湿气重的酷夏。夏季最好把笼子放在阳光不能直射并且通风良好的地方。

可以用专用的兔笼子来饲养。考虑到兔子长大后体型会变大，所以最好准备大型的笼子。

笼子

饮水器

虽然有给兔子喂水会导致兔子死亡的说法，但是水分补给是必需的。

准备好大型的饮水器，每天给兔子提供新鲜的水。

餐具

兔子会啃咬，还会打翻餐具，所以最好选择可以固定的、很重的金属或是陶瓷制品吧。

锁

虽然兔子不会自己打开笼子的门，但是有其他宠物在的场合，一定要锁好门。

！注意

●抚育幼儿的母兔很敏感，发现人类偷看时可能会把幼崽杀死。把笼子用黑布覆盖起来，不要去偷看。

●兔子的同类●

■体重 ■原产地
◆主要特征

据说世界上有150多种家兔。

垂耳兔
■2~4kg ■英国 ◆垂耳兔的耳朵向下垂着。

荷兰侏儒兔
■0.9~1.2kg ■荷兰 ◆荷兰侏儒兔是家兔里体型最小的。

巨型花明兔
■6~8kg ■比利时 ◆巨型花明兔是家兔里体型最大的。

雷克斯兔
■3~5kg ■法国 ◆雷克斯兔有着又软又细的毛。

兔子会食用自己的粪。这是为了将粪便中难以消化的食物再次食用，以达到吸收营养的目的。

厕所

兔子可以记住厕所的位置。在宠物商店有兔子专用的厕所出售，可以为兔子准备一个。可以在厕所里放入兔子的粪便，让它记住气味。

地板

可以铺上牧草和稻草，并作为兔子的食物。每天更换被弄脏的部分。幼兔的脚容易夹在铁丝做成的网格状地板缝隙里并导致受伤。

食物

兔子是草食性动物，喜欢食用车前草的叶子等。每天准备新鲜的草是件困难的事情，使用兔粮就很简便。另外，还可以喂食洗干净的蔬菜和水果等。

兔粮

胡萝卜

卷心菜

苹果

磨牙棒

为了防止兔子的牙齿长得过快，以及作为兔子的玩具，可以在笼子里放入磨牙棒。组合起来的木板和成捆的稻草做的磨牙棒都是不错的选择。

观察

兔子的耳朵是散热的工具。

兔子可以把两只耳朵分别转向声音传出的地方。另外，兔子害怕很响的声音，所以要特别注意。

兔子兴奋时会用后足踢打地面。这时候，不要去触摸以及惊动它。

英国斑点兔
🟧1~1.2kg 🟦英国
◆英国斑点兔特征是全身有斑点。

侏儒海棠兔
🟧2~2.5kg 🟦德国
◆这种兔子的眼睛四周是黑色的。

小丑兔
🟧4kg 🟦法国 ◆小丑兔是身上有着条纹的罕见的兔子。

日本白兔
🟧3~4kg 🟦日本 ◆日本白兔自古以来就被人类饲养。

✏️ 兔子后足的力量很强，并有着尖锐的爪子。抱兔子时注意不要被划伤。

狗

比格犬

狗 ■食肉目犬科 ■身高56~61cm（金毛寻回犬）38~42cm（柴犬） 20cm左右（博美）

狗的品种非常多，全世界有300~400种。有些品种的体型会不断增大，所以在饲养前家人之间要相互协商，决定好各自饲养方面的分工。

●选择饲养品种时要注意的问题

仔细考虑成年后的体型大小，在室内还是在室外饲养等问题后再选择品种。

大型犬、中型犬、小型犬

狗的体型有大有小。考虑好自己家里的情况再进行选择。这对狗来说非常重要。

大型的金毛寻回犬
金毛寻回犬是温顺老实容易饲养的狗，需要宽阔的庭院

中型的柴犬
柴犬是聪明活泼的狗，但不进行严格的训练会发出让人烦躁的叫声

小型的博美
博美有一点点争强好胜，可以在室内饲养

公狗和母狗

母狗性情温和，产下幼崽更能给主人带来欢乐。但是，是否进行繁殖要和家人商量。

幼犬、成犬

通常如果从幼犬开始饲养，它会和主人很亲近，容易饲养。而从成犬开始饲养就需要向之前的主人请教具体的饲养方法。

拉布拉多的幼犬
在宠物商店有出生后2~3个月的幼犬出售

长毛种、短毛种

长毛种的狗毛色很漂亮，但是大型的长毛狗每天必须要花1个小时以上的时间为它梳理毛发。

长毛种的迷你猎犬
经常梳理毛发可以使狗的皮肤变得更健康

纯种、杂种

选择狗的品种时，如果是以繁殖或观赏为目的，最好选择纯种的狗。但纯种狗有近亲繁殖的情况，发生遗传病等疾病的可能性很高。

杂种
混合了很多种狗的特长，体格也很健康

●喂食和散步

狗在体型逐渐增大后，饲养所需要的活动空间和食物的量以及活动量也要随之增加。可以喂普通的狗粮，按照狗粮包装上喂食方法记载的量进行喂食就可以了。如果是幼犬，喂到肚子有一点点突起就可以了。进食过量会导致腹泻，到下次进食时就没有食欲。

如果是以肉为主食的成犬，适宜的喂食量约是其体重的十分之一。但是进食量和运动有关系，运动量很小却食用高卡路里的食物会导致肥胖。仔细观察粪便、进食的样子以及身体肥胖

程度，从而进行饮食的调节。要注意的是，正处于成长时期的幼犬虽然体型很小，却和成犬一样吃得很多。

狗很喜欢散步，如果可能，最好每天早晚各带它出去散一次步。小型犬散步时间保持在30分钟左右，中、大型犬可以保持1个小时以上的运动量。对于狗来说，散步是它们认识周围环境，如住在附近区域的其他同伴等各种信息的重要方法。散步既可以让它们运动，又有利于帮助它们舒缓心情。

在宠物商店出售的幼犬一般都已经接受过预防接种，但最好还是事先和店员确认一下。

● 室内、屋外的饲养方法

　　狗可以在室内和屋外进行饲养。但是，对于狗来说，待在主人身边是最好的。饲养在屋外的情况下，要选择让狗可以看到主人样子的地方。如果实在不行，则要经常留意狗的情况。

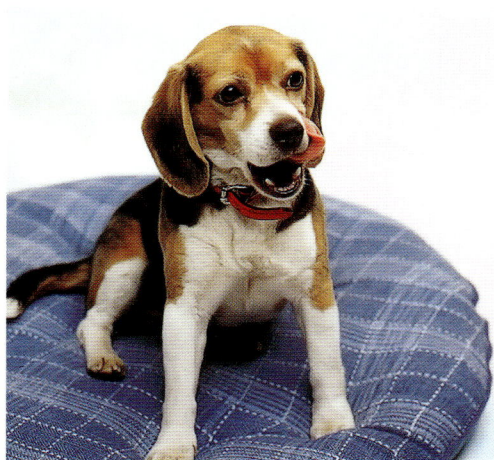

在室内饲养时

　　在室内饲养时，用抱枕、狗窝和围栏等为狗搭建出一个它自己的空间。训练它养成在睡觉、吃饭和家里有客人来时都待在里面的习惯。

狗用围栏

在屋外饲养时

　　在屋外饲养时，为它准备好小屋。为了防止它逃跑还要用绳子拴起来。并且训练它在玄关以及人出入的地方不要吠叫。

伸缩牵引绳
绳子伸缩灵活自由，让狗在一定范围内可以自由活动

● 养狗前的约定

　　狗不是任何人任何地方都可以简单地饲养的动物。在它成为家庭的一员之前，和家人就下面的注意事项进行商量，再决定是否饲养。

● 狗可以活十几年。在这期间，每天都能进行喂食、散步、清洁粪便吗？仔细考虑好狗的寿命长短再决定是否饲养。
● 不会让狗自己待着，可以全力照顾好它吗？长时间无人照顾的狗不仅精神不振，无精打采，还会变得狂暴。
● 会给邻居造成麻烦吗？有的品种的狗会很吵闹，在饲养环境方面尤其要仔细考虑。
● 可以好好地对狗进行教育吗？狗需要接受严厉的教育。

● 养狗时的小商品

　　在养狗时，有很多很方便的小商品可供选用。

磨牙绳
磨牙绳在玩耍的同时还可以使牙龈强健

宠物用垫子
这可以吸附掉落的狗毛

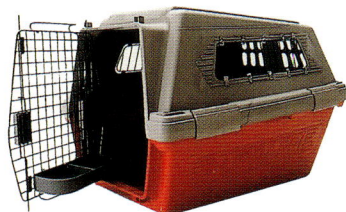
便携式狗笼子
乘车时使用便携式狗笼子会非常方便

手套形梳子
这种梳子做成手套的形状，在抚摸狗的同时可以替它梳理毛发

牵引带
把它戴在狗的身体上，再系上绳子。散步时能很好地牵引那些会往前冲的狗

　　养狗之后，每年都需要进行一次狂犬病的预防注射。可以在动物医院和保健所进行接种。

● 狗的教育

狗的教育不能反复无常，需要每天不断重复以达到记忆的目的。饲养出人见人爱、有教养的狗的主人才是出色的主人。训练的基本动作是"坐下""等一下""趴下"等。

坐下

在散步、遇到别的狗靠近以及小孩子走过来时，要教育狗"坐下""等一下""趴下"。

趴下

用声音加上手势发出"等一下""趴下""坐下"等命令，让狗记住。

等一下

责骂、表扬

责骂时要马上发出"不行"、"no"等严厉的口号。表扬时则要用温柔的声音赞扬说"真乖"。

上厕所的教育

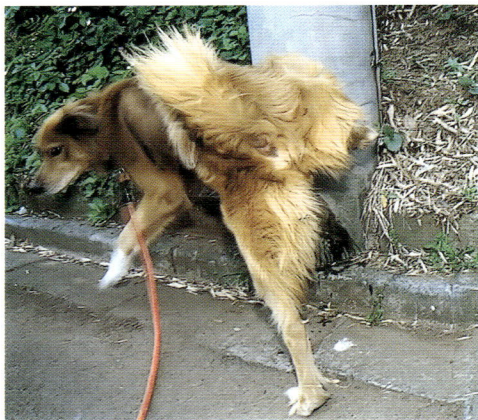

散步时，一定要带着清扫粪便的小铲子和塑料袋以及纸巾。清扫粪便是狗主人应该做的。并且不要让狗在别人家种植的树木旁边排便。

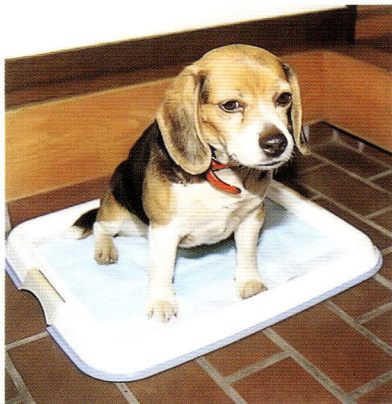

在室内饲养的情况下，上厕所的教育也非常重要。当狗四处转来转去时要带它到厕所去。长期重复训练狗，使它在睁开眼睛后和进食之后马上排便。但是，如果没有认真清洁厕所，狗就会在别的地方排便。

进食中的教育

注意不要让狗营养失衡。不能只喂给它喜欢的食物，防止它养成挑食的习惯。在喂食前短时间内让狗只能看不能吃，教会它"等待"的含义。时间过长狗会不耐烦，训练就没有效果了。

⚠ 注意

● 狗在家里面有时候会觉得自己是老大，并出现稍有不满意的地方就咬人，强烈反抗主人的情况。这被称为 α 症候群，是一种狗的疾病。在幼犬时过分宠爱，没有好好进行教育就会出现类似的症状。如果不加以理会，还可能发生咬伤人的事情。所以一定要解决好这个问题。在散步时总是由主人来引导，会让狗产生主人就是老大的意识并牢牢记住。

✎ 据说狗的教育训练最关键的时期是出生后6个月之内。在这个时期内，要对狗进行持续连贯的教育。

● **叫声**

· **警戒** 低沉的吼叫声以及响亮的吠叫声。陌生人来到时能通知主人。

· **撒娇** 发出又尖又细的"呜～呜"的叫声。

· **远叫声** 发出"汪～"等叫声，让在远处的同类知道自己的存在，或是回应同类。有时候也会误对着远处的救护车和汽笛的声音发出吠叫声。

● **攻击**

狗的鼻尖上皱起来，露出牙齿并吠叫。

● **期待**

狗耳朵一下子竖起来，眼睛闪闪发亮并凝视着主人。

● **威吓**

狗耳朵向后，发出低沉的吼叫声。

● **服从**

狗伸长脖子，并把头低下，耳朵后贴，眼睛向上看着主人。

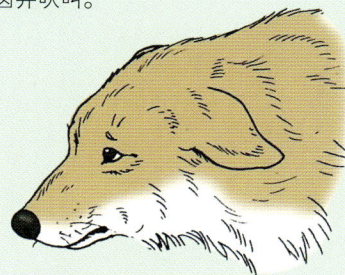

● **一起玩嘛**

狗的两只前脚向前伸出，并把头低下来，直直地凝视着主人。屁股高高翘起，尾巴剧烈地摇晃。

● **高兴**

狗的尾巴剧烈地摇晃。表情活泼生动。

● **道歉**

狗把尾巴夹在后面两只脚的中间，并把头低下来，耳朵也垂下来，无精打采地在房间的角落里走来走去。

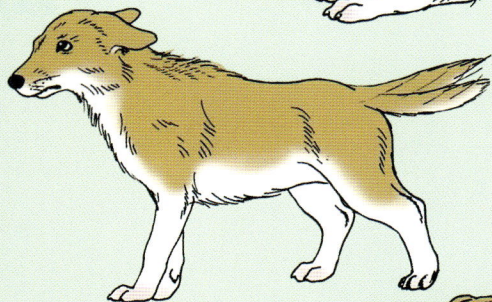

● **警戒**

狗的尾巴慢慢地左右摇晃。要注意这个时候狗的心情并不好。观察狗的表情以及声音并进行判断非常重要。

● **撒娇和服从**

狗的身体翻转，把肚子露出来，渴望被轻触肚子。面对强势的主人也会露出肚子并做出服从的动作。

🖊 狗在吃饭时不要从旁边伸出手。正在进食中的狗为了警惕食物被抢走因而具有攻击性。

猫

美国短毛猫

■食肉目猫科 ■体重5kg ■原产地·美国

猫是一种即使被饲养也保留着我行我素性格的动物。和狗相比，猫不太听从主人的命令。但这也许正是猫作为宠物具有很高人气的秘密。

美国短毛猫

平衡感很好也是猫的特征

● 猫喜欢的地方

猫在家里面会决定属于自己的地盘。在遇到可怕的事情时会躲藏在壁橱里。窗沿对于喜欢眺望外面风景的猫来说是非常好的地方。猫也很喜欢趴在主人的膝盖上。它可以熟练地使用家里的各种物品。让我们为猫创造出舒适的环境吧。

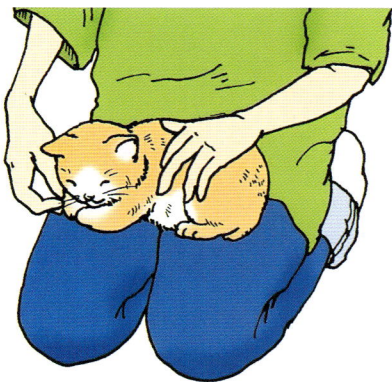

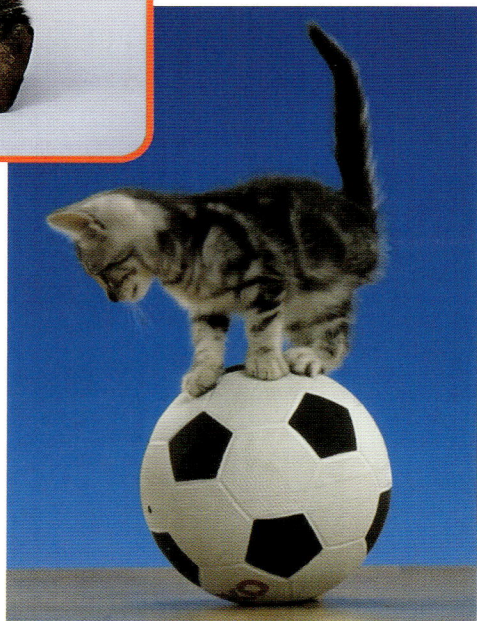

可以攀登的空间

猫会爬上柜子的顶部和电视机顶部等高处。它喜欢爬到高处后观察四周或是睡觉。对于猫来说，攀爬是很重要的运动，可以在柜子和书架上安全的地方为猫创造出属于它自己的空间。

可以看到外面的空间

猫喜欢眺望窗外的风景，很享受观察窗外的风景以及随风而来的味道。天气晴好的白天猫会悠闲地晒着太阳。为了让猫能尽情眺望以及呼吸外面的空气，让我们把窗帘和窗户打开吧。对于住在楼房里面的猫来说，阳台就像是院子一样。但要注意不要让猫跑到邻居家的阳台或是从阳台上掉下去。

可以隐藏起来的空间

如果没有可以藏起来的地方，那会让猫感到不安。拥有随时都可以安心躲藏的空间可以让它安定下来。猫在受惊吓时首先要藏起来，然后待在那里一直观察外面的情况，确认安全后再出去。

壁橱对于猫来说是重要的藏匿地点。但是它身上的跳蚤可能会转移到被子上。所以除了壁橱外，再给它准备一个可以安心躲藏的空间吧。

猫喜欢的地方会随着季节的变化而变化。夏天喜欢待在窗沿上凉爽的地方。冬天则喜欢电视机上面温暖的地方。

●猫的小窝

虽然猫不像狗一样需要狗屋但是还是给它准备好睡觉用的篮子或是箱子、抱枕等物品，放在温度适宜、安静、光线稍暗的地方。并且，尽量选择离家里人近的地方，猫也会很安心。

●厕所

在厕所里面放入猫砂。猫大小便之后弄脏的猫砂要进行更换。如果气味很大则全部更换。当作厕所使用的容器要经常清洗晾干。厕所可以选择宠物商店里出售的、尿不容易洒出来的塑料制品。猫砂有很多种类，可以根据价钱和功能进行选择。

●猫抓板

和猫一起生活，最让人伤脑筋的是磨爪。它们会踮起脚尖刺啦刺啦地抓隔扇、地毯、家具等物品。磨爪是猫的天性，它的爪子是由几枚指甲重叠在一起的。表面的指甲老化后，要通过磨爪使其剥离，让下面的新指甲露出来。通过磨爪，猫可以保持对猎物的攻击性。因此不能强迫猫停止磨爪。就算是用指甲剪帮它剪掉指甲，它也不会停止。准备好猫抓板，让它通过这样的方式磨爪。

猫抓板在宠物商店有出售

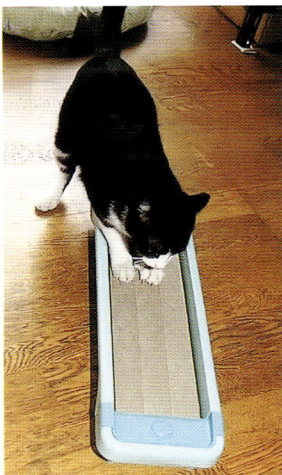

剥落的猫的指甲 为了让老化的指甲剥落，猫会四处磨爪

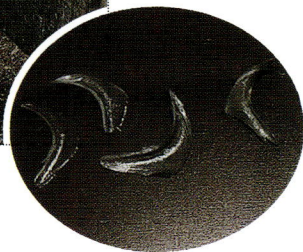

●猫专用的小商品

饲养猫时，有很多可供选择的便利小商品。

猫草
是猫为了调整肠胃状态而吃的草

捉跳蚤的刷子
细毛的刷子可以捉到猫毛里面的跳蚤

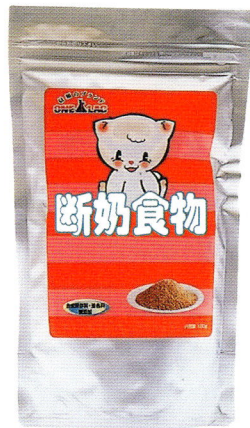

猫的断奶食物
这是为处于生长旺盛期间的小猫准备的食物。可以从出生后一个月开始喂食

猫的梳子
长毛品种的猫最需要梳子。每天都为它梳理毛发吧，可以刺激皮肤增进健康

✎ 在使用了猫抓板，猫还是在家具和柱子上磨爪的情况下，可以在物体表面贴上纸板进行保护。

● **猫的教育**

猫的教育并不简单。它们的脾气反复无常，不听从主人的命令。饲养小猫时，宠爱时要尽情地陪它玩耍，责备时要用很大的声音严厉地教训它。一定要长期持续不断地教育。

一起玩耍的猫

夜游

猫原本就是夜行性的动物。夜游对它们来说很正常。住在附近的猫会在夜里集中到一起交流信息。但是如果完全放任不管，会出现猫互相打架受伤，或是暂时离家出走、遭遇交通事故等情况。并且母猫还可能会怀孕，所以一定要注意。

进食

要训练猫在笼子里进食。进食中要关好笼子的门，进食完之后短暂观察它的样子。如果之后猫想出去就把它放出去。通过这样的方式告诉它笼子不是讨厌的地方，并逐渐增加它在笼子里待的时间。当猫不反感待在笼子里之后，晚上的睡眠时间也让它待在笼子里。如果它睡在坐垫上面要马上把它转移到笼子里去。到了人类睡眠的时间就把猫放进笼子，它马上就能学会晚上在笼子里睡觉。

使用前足玩耍

猫在玩耍时可以灵活地使用前足。它是使用前足进行猎物捕捉的动物，所以非常灵活。熟悉了居住环境之后，即使有一点缝隙，猫也可以用前足打开隔扇和门。不想让猫进去的房间一定要完全地关好。

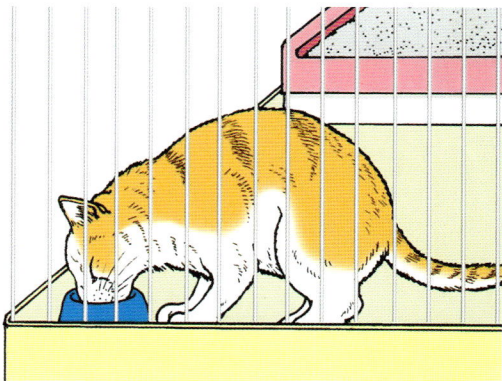
即使隔扇有一点缝隙，猫也可以用前足打开

动一下玩具老鼠，猫就会用前足抓住它

🖊 小猫喜欢把盒装的纸巾全部抽出来玩耍。所以盒装的纸巾抽取的那一面要朝下放。

观察　猫的心情、表情

●做记号

公猫在成年之后会进入发情期，会在家里通过撒尿的方式留下自己的气味做记号。为了防止这种情况发生，公猫出生后的5～6个月就要对它进行去势手术。这样还能避免猫因为同类打架而受伤的可能。母猫如果也进行了避孕手术，发情期时就不会烦恼了。去势和避孕手术都非常痛苦，猫和人类居住在一起的时候，能否构筑亲密的关系对双方来说都很重要。

正在打架的猫

●毛的梳理

精心梳理毛时，使用前足和舌头。头的后部等怎么也够不着的地方，才会使用后足。

●被声音惊吓到

猫的听觉神经很发达。突然间听到很大的响声时会受到很大的惊吓。所以不能让它们因为突然的响声而受惊，否则会发生直接跑到外面去不再回来或者是遇到交通事故而受重伤的情况。对于猫来说很大的响声是指吸尘器、吹风机、打破碗的声音等。并且，猫能听到比人类的听觉领域高出三倍的"超声波"，所以对人类来说可能是安静的环境，对猫来说会感到很吵闹。猫感觉到惬意的地方是安静得能安下心来的环境。

感到恐惧毛竖起来的猫

●其他的观察要点

猫是小型的猛兽。不仅是表情和体形，其他的很多动作也和野生的猫很相像。猫即使已经被人类饲养了，也依然保留了野性。

●伸懒腰

猫和狮子一样，准备开始活动，或者是准备睡觉时会伸个大大的懒腰。但是，睡得很舒服被吵醒时也会伸懒腰。

●打哈欠

想睡觉和无聊时，猫会打个大大的哈欠。但是和伸懒腰一样，睡得很舒服被吵醒时也会打哈欠。这个时候，猫不会马上离开，而是不断地打哈欠，表达自己的心情。

正在打哈欠的猫

猫用舔的方式来梳理毛发，并把掉落的毛吞到肚子里去。让毛在肚子里面变成毛球。因此要给猫吃稻科的草，让它把毛球吐出来。

青蛙1

东北雨蛙 ■无尾目雨蛙科 ■体长3~4cm
■分布·北海道、本州、四国、九州

青蛙是离开了水就无法繁殖的两栖类生物的同类。蝌蚪用鳃呼吸，成年之后和人类一样用肺呼吸。

东北雨蛙

饲养箱

可以用塑料箱子和水槽进行饲养。用稍微大一点的水槽饲养会更好。

盖子

青蛙很擅长跳跃，会从饲养箱里跳出来，所以一定要盖好盖子。

植物

在饲养箱里放入栽种的植物。或是选择水草的近似品种，以及叶子可以伸出地面的植物。

砂石

可以使用宠物商店出售的金鱼用的砂石。

石头

石头可以作为青蛙藏匿之处，还可以在石头上休息。准备一块大一点的石头吧。

水

青蛙是用肺呼吸的，所以水量比较少也没关系。最好使用放置过一天以上的水。

观察

仔细观察东北雨蛙身体颜色的变化，和其他青蛙鸣叫声的不同之处以及足部的样子等。

试着把平常是绿色的东北雨蛙放在石头上。

经过一段时间，东北雨蛙慢慢地和周围的颜色变得一样了。

东北雨蛙停留在向下生长的倾斜的树枝上时脸部会向上抬起。

东北雨蛙停留在向上生长的树枝上时就很正常，脸部是和树枝平行的。

青蛙的同类中有带毒性的品种。触摸之后一定要洗手。

●紧贴在玻璃上的青蛙

东北雨蛙趴在玻璃面板上时，也会使用足部的吸盘，攀登到饲养箱的上面。黑斑蛙和达摩蛙则不会攀登。

食物

无论是哪个种类的青蛙，都以活虫为主要食物。东北雨蛙的情况是配合它的大小喂食蚯蚓、蟋蟀（幼虫）、果蝇、苍蝇等。

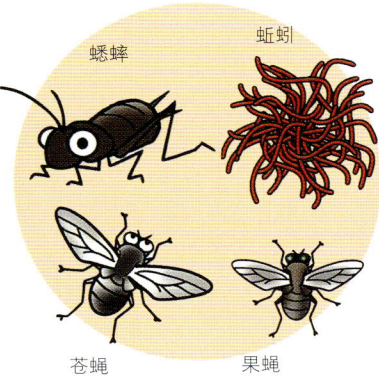

蟋蟀　蚯蚓
苍蝇　果蝇

●蝌蚪的饲养方法

从蝌蚪开始饲养的情况下，可以观察到从蝌蚪到青蛙的变态过程。精心地饲养蝌蚪，观察它们足部长出来的样子吧。

美国牛蛙的蝌蚪

蝌蚪长出足部，爬上陆地的时候可以用漂流木制造出陆地。

饲养箱

可以用塑料箱和较浅的容器等进行饲养。尽量使用可以观察水中样子的饲养箱。

漂流木

水

一定要使用除掉漂白粉的水或者是已经放置过一天的水。蝌蚪前足开始长出来后，水的量可以稍微减少。

砂石

可以使用宠物商店出售的金鱼用的砂石。

食物

无论是哪种蝌蚪，都会食用面包、小鱼干、水煮菠菜、金鱼的饲料等食物。

水煮菠菜
小鱼干
金鱼的饲料
面包

聚集在死掉的鱼旁边的蟾蜍的蝌蚪

东北雨蛙在鸣叫时让喉咙鼓起来发出声音。

黑斑蛙会让脸颊鼓起来发出声音。

很少进到水里面的东北雨蛙只有后足有蹼。

✎　如果找不到活的虫子作为食物，可以用小镊子夹住被弄成小块的死虫子在青蛙眼前晃动一下进行喂食。

青蛙2

蟾蜍 ■无尾目蟾蜍科 ■体长8~18cm
■分布·日本本州岛西南部、四国、九州

在青蛙的种群里，待在陆地上比待在水里时间长的蟾蜍的饲养方法稍微有点不同。可以不需要水，将它放进土壤里进行饲养。

正在捕食鼠妇的蟾蜍

蟾蜍跳跃能力很强，所以盖子一定要盖好。

盖子

喷洒水
每两天喷洒一次水，以增加湿气。

躲藏的地方
将花盆进行改造，作为蟾蜍躲藏的地方吧。用石头搭建起来的也可以，不过要注意符合蟾蜍的体型大小。

饲养箱
青蛙可以用塑料箱和水槽进行饲养。蟾蜍的情况用30cm以上大小的饲养箱。根据饲养的数量调节箱子大小。

地板
在腐叶土上面铺上落叶。蟾蜍会自己钻进去。

盛水的器具
和饮用比起来，增加饲养箱内湿气的作用更大。

食物
可以喂给蟾蜍活的虫子。找不到活的虫子可以在宠物商店里购买黄粉虫和蟋蟀进行喂食。

黄粉虫
蚯蚓
蟋蟀
蝗虫
蜘蛛

! 注意
● 蟾蜍的脸颊处长有毒腺。从那里可以喷出白色的毒液。虽然不是很强的毒液，但是最好不要随便触摸它。

观察 黑斑蛙的成长

卵
黑斑蛙附着在水草上产卵

蝌蚪1
蝌蚪通过鳃进行呼吸

蝌蚪2
蝌蚪先长出后足，再长出前足

成年
黑斑蛙越冬之后，在4~6月产卵

黑斑蛙一次可以产下1000~3600个卵子。这些卵粘在一起形成的块状叫作卵块。

蝾螈

■有尾目蝾螈科 ■体长8~13cm ■分布·本州、四国、九州

红腹蝾螈

蝾螈生活在池塘、小溪等水草茂盛的地方。冬天生活在陆地上的石头下面以及水底。在小型的水槽里饲养时，最好以雄性和雌性为一组的方式饲养。

水苔

水苔含有较多的水分，可以起到防止土壤干燥的作用。最好一起放进水槽。在一部分水苔上喷洒些水可以一直保持湿润。

饲养箱

可以用30cm大的水槽和塑料箱进行饲养。

如果用水槽进行饲养，可以观察到蝾螈腹部的样子。

盖子

一定要盖好盖子，以防蝾螈逃走。

食物

喂食的频率为两天一次，把线蚯蚓和红虫等，用小镊子夹住进行喂食。

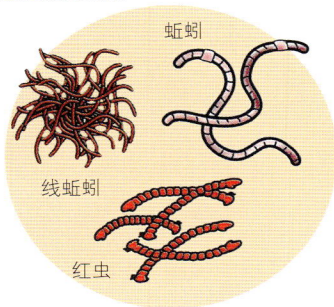

蚯蚓
线蚯蚓
红虫

水

自来水进行去除漂白粉的处理后再使用。

漂流木

为蝾螈从水里爬到陆地上时准备好漂流木吧。可以在宠物商店里购买。

砂石

可以使用宠物商店里出售的黑机砂等。把水槽的一半空间用来建造陆地。

观察 蝾螈的身体和成长

雄性

前端突然变细
隆起较大

屁股的鼓起部分很大，尾巴前端突然变细的是雄性蝾螈。

雌性

慢慢变细
隆起较小

屁股的鼓起部分很小，尾巴前端慢慢变细的是雌性蝾螈。

前足

后足

蝾螈前足有4只手指、后足有5只脚趾。可以紧紧吸附在玻璃等光滑的表面上。

卵

蝾螈一颗一颗地在水草上产卵。

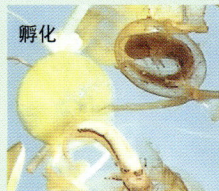
孵化

卵可能会被蝾螈父母吃掉，所以要移到别的容器里。

幼虫

幼虫有腮。在腮进化之前都在水里生活。

雄性蝾螈在繁殖期时尾巴会变成紫色，在雌性蝾螈的面前弯曲成"S"形，并轻轻摆动，进行求爱活动。

龟、鳖

红耳龟 ■龟鳖目泽龟科　■龟甲长20～28cm
　　　　　■分布·北美

在宠物商店经常可以看到的是红耳龟。它的幼龟被称为绿龟。身体强壮又容易饲养，是很有人气的宠物。

红耳龟（绿龟）

饲养箱

在还是幼龟时，可以用30cm左右的饲养箱饲养。长大之后最好把它转移到60cm左右的饲养箱里。

水

使用放置了一天的水，或者是经过去除漂白粉处理的水。放入能让乌龟潜水程度的水量。

食物

主要喂食乌龟粮。喂食过量是造成水质污染的原因，因而要喂食适量。

乌龟粮

线蚯蚓

面包

饭粒

切开的鱼块

盖子

乌龟不会自己爬出来，但是在有其他宠物在的情况下，一定要盖好盖子。

石头

为了让乌龟可以适时地从水里爬出来，可以在饲养箱里放入较大的石头作为陆地。石头在宠物商店有出售，也可以自己捡一些石头回来清洗干净使用。

！注意

●乌龟如果不进行日光浴，会出现龟甲变形的疾病。尽量让乌龟每天接受日光浴。并且为了防止乌龟营养不足，可以在食物里混入爬虫类食用的维生素剂进行喂食。

爬虫类专用的维生素剂

　红耳龟又叫密西西比红耳龟、巴西龟。

观察　鳖的身体

砂石

可以使用金鱼用的砂石。把饲养箱的一半空间用来建造陆地。

鳖的前足

足部扁平，并长有在游泳时起作用的蹼。脚趾根根分明

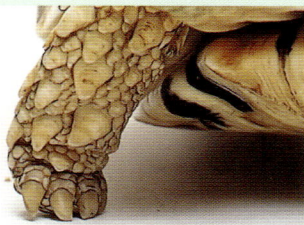

陆龟的前足

足部肥大且呈圆形。脚趾并不根根分明

鳖的嘴

鳖的嘴很大，并且有着和鸟的喙一样坚硬的部分。鳖靠着这坚硬的部分撕碎鱼肉和水草并食用

龟甲的纹路

乌龟的龟甲并不会蜕皮，只有头部和手足会蜕皮并慢慢长大。而龟甲同时也会增大，纹路就是这时形成的

●鳖的同类●

■龟甲长　■分布　◆主要特征

腹部的一侧

红耳龟

■20~28cm　■北美
◆红耳龟生活在湖泊和池塘等地，食用水生小动物。

腹部的一侧

草龟

■35cm　■本州、四国、九州　◆草龟生活在平地的河流和池塘、沼泽、水田等地，也会爬到陆地上。

腹部的一侧

石龟

■21cm　■本州、四国、九州　◆石龟主要生活在山里的河流和池塘等地方。也被称为"金钱龟"。

实验　草龟的翻身实验

①把草龟完全翻转过来。它会在短时间内观察周围的样子并保持一动不动。

②草龟伸出隐藏在龟甲里的脸部和手脚，吧嗒吧嗒地来回动。手脚像是在地面上滑动一样。

③草龟的手脚停止滑动之后，伸长脖子，利用头部的力量开始翻身。

④草龟灵活地使用脖子和头部，突然使力让自己完全翻过来。

✎ 饲养鳖时，注意不要让它冬眠。在得不到充足营养的情况下，鳖可能会在冬眠中死亡。

陆龟

豹纹陆龟 ■龟鳖目龟科 ■龟甲长72cm
■分布•美国、亚洲

陆龟从小型到大型有很多的种类。考虑好陆龟长大后的情况再选择饲养的种类吧。

豹纹陆龟

饲养箱

有时候需要配合陆龟成长的情况更换适合的饲养箱。在宠物商店购买的小乌龟，要准备好60cm见方的饲养箱。

加热器

陆龟很怕冷，除了夏天以外，可以把加热器放进饲养箱里面准备着。加热器使用平板型的，并用沙子埋起来。

沙子

宠物商店有爬虫类小动物用的沙子出售。在饲养箱里铺上3～5cm深的沙子。弄脏的地方要补充新的沙子进来。

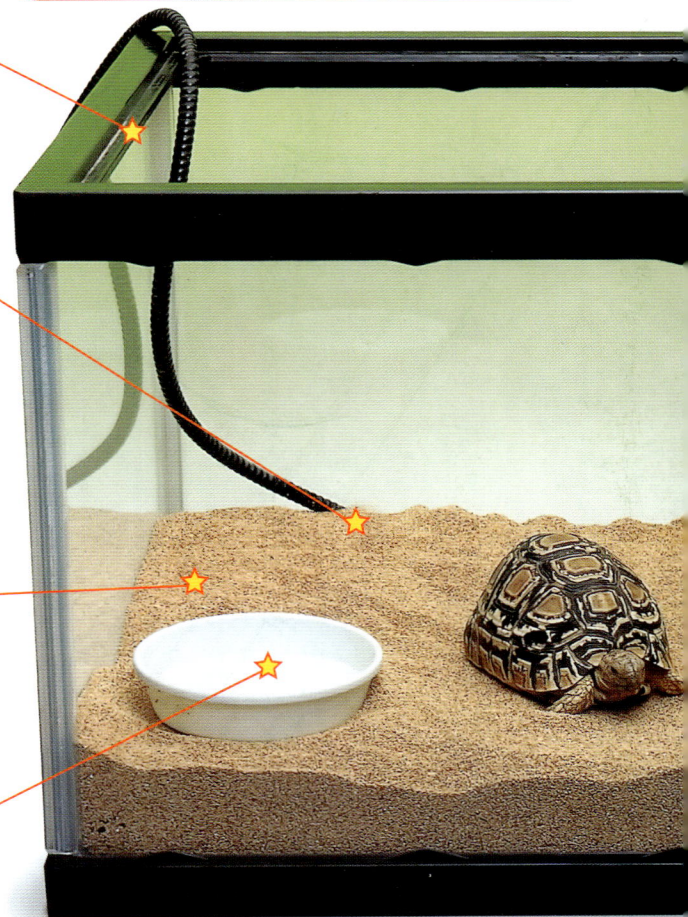

喝水的容器

为了方便乌龟喝水，需要准备开口很大的容器，并且每天都提供新鲜的水。

观察 陆龟的身体

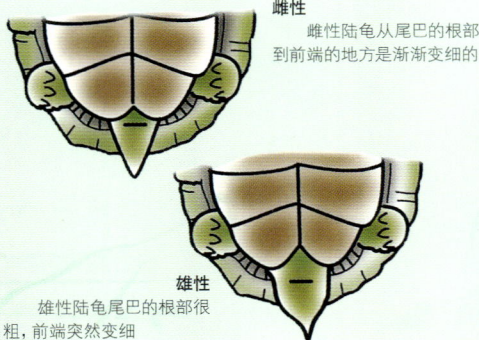

雌性
雌性陆龟从尾巴的根部到前端的地方是渐渐变细的

雄性
雄性陆龟尾巴的根部很粗，前端突然变细

雌性陆龟腹部一侧的尾巴周围是凹陷的。

龟甲上长有纹路。这是身体在经过蜕皮之后成长时，龟甲也是随之长大时形成的。

在选购陆龟时需要注意的事项是，检查看它是否活泼、龟甲上有没有伤疤和剥落的地方、眼睛是否清澈等。

照明灯

为了陆龟的健康，准备好含有紫外线的爬虫类用的照明灯吧。还可以用作陆龟的取暖工具。

爬虫类用的照明灯，有很多种类。

食物

虽然陆龟主要食用植物质的食物。但是有时候也要喂给蟋蟀和黄粉虫等昆虫和肝脏等食物。并且，喂给爬虫类用的维生素剂或是乌龟粮会很方便。

爬虫类用的维生素剂　　乌龟粮

香蕉　　苹果

蟋蟀　　青菜

黄粉虫　　肝脏

石头·植物

为了在饲养箱里面营造出少许接近自然的状态，可以试试放入石头和植物。

餐具

准备较矮的、开口很大的餐具。因为水槽里面的温度很高，所以进食完毕后要把餐具取出来及时清洗。

！ 注意

●虽然陆龟很怕冷，但是反过来如果温度太高也不行。对于陆龟来说，最舒适的温度是20～25摄氏度。通过加热器的大小和照明灯的距离等进行灵活调节吧。

前足

前足足底

陆龟的前足很肥大并且稳健。虽然长有指甲，但是各个手指的区分并不是很明显。

后足

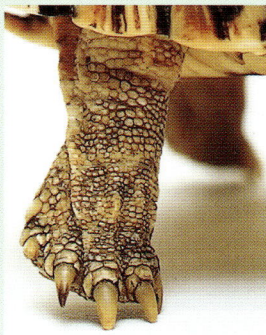

后足足底

肥大的足部牢牢支撑起沉重的身体，足底呈鱼鳞状，起着防滑的作用。

陆龟利用两只灵活的前足将脸部蒙起来之后，全身完全藏入龟甲之中。

陆龟的龟甲不会蜕皮，但是头部和足部的鱼鳞状部分会蜕皮。

壁虎

多疣壁虎　■有鳞目壁虎科　■全长10~14cm
■原产地·本州、四国、九州

壁虎是蜥蜴的同类。蜥蜴主要生活在地面，但是壁虎可以使用足部的吸盘在玻璃和天花板上行走。

多疣壁虎

饲养箱

尽可能选择有一定高度的饲养箱。30~60cm最为适宜。

盛水的容器

虽然壁虎不怎么喝水，但是可以将装胶卷的小盒子加工一下作为小型的喝水容器。还可以使用瓶盖等物品。

食物

壁虎一般食用蝗虫和小的蜘蛛，蚊子等活虫。但是经常为壁虎准备这些食物很不容易，所以可以喂食宠物商店出售的黄粉虫和蟋蟀等。

黄粉虫

蝗虫　蜘蛛　黄粉虫　蟋蟀

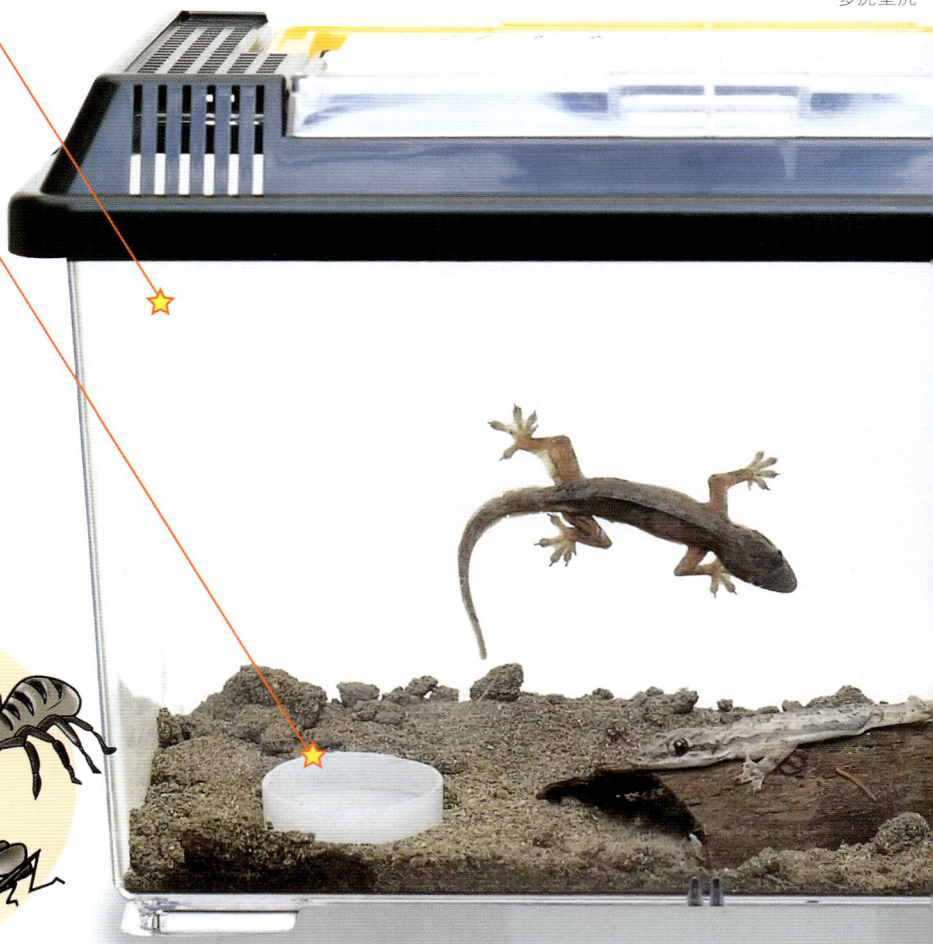

观察　**壁虎的身体**

前足　壁虎手指的前端有指甲，可以牢牢抓住树木等

前足的背面
手指的背面有褶皱，呈吸盘状。

后足的背面
壁虎后足脚趾的背面，有变成了吸盘的褶皱。

壁虎吸附在玻璃上。

壁虎有时候会发出"啾——啾——啾"的叫声。

喷洒水

虽然壁虎生活在干燥的地方，但最好每三天一次，在夜晚壁虎活动时，喷洒些水让土壤有一点点湿润。

日本蜥蜴 ■有鳞目蜥蜴科 ■全长20~25cm ■分布·北海道、本州、四国、九州

日本草蜥 ■有鳞目正蜥科 ■全长17~25cm ■分布·北海道、本州、四国、九州

蜥蜴和草蜥可以按照壁虎的饲养方法进行饲养。

盖子

壁虎会贴着玻璃面爬到饲养箱的上部然后逃出去，所以一定要盖好盖子。

蜥蜴自己切断尾巴

日本蜥蜴

在饲养箱里铺上干燥的沙子和砂石，用石头进行组合搭造出供蜥蜴躲藏的地方。盛食物和盛水的容器也一起放进去。要留心蜥蜴在尾巴被抓住时会自己切断尾巴。

躲藏的地方

用树皮和石头等为壁虎制造出躲藏的地方。在阳光充足的白天，壁虎会爬到里面去。

盛食物的容器

和盛水的容器一样，可以利用装胶卷的小盒子加工一下。活着的黄粉虫等小虫子会从里面爬出来，壁虎发现了活的小动物会把它们吃掉。

蜕皮中的草蜥

日本草蜥

在饲养箱里铺上干燥的沙子和砂石，用漂流木、杯子等制造出供蜥蜴躲藏的地方。盛食物和盛水的容器也一起放进去。成长后的日本草蜥会蜕皮。

壁虎用舌头对眼睛进行清洁。

当眼睛干燥，或者飘进灰尘时，壁虎会用舌头对眼睛进行清洁。

壁虎的嘴巴张得很大，用舌头去舔眼睛以进行清洁。

食物

和壁虎一样，蜥蜴和草蜥也需要活的昆虫作为食物。可以喂食黄粉虫、蜘蛛、蝗虫等昆虫。

蚯蚓

黄粉虫

蝗虫

蜘蛛

蜥蜴和草蜥在遇到敌人侵袭时，通过自己断尾以求逃脱，之后尾巴会重新长出来。

美洲鬣蜥

绿鬣蜥 ■有鳞目美洲鬣蜥科 ■全长100~180cm
■分布·中美洲~南美

绿鬣蜥是爬虫类里面比较容易饲养的蜥蜴。但是长大后全长可以超过1.5米，所以饲养之前要谨慎考虑。

绿鬣蜥

饲养箱

为了配合美洲鬣蜥的成长，水槽的大小也要适时更换。幼年的美洲鬣蜥可以选用60cm的水槽。

照明灯

美洲鬣蜥很怕冷。使用照明灯让箱内温度保持在28℃左右比较适宜。夜里可以往下调5℃左右。

攀援木

美洲鬣蜥会爬树。在饲养箱里面用漂流木等灵活搭建出攀援的树木。树木的下面还可以作为美洲鬣蜥藏匿的地方。

盛水的容器

可以选择很重的陶瓷制的容器。饮用水每天都要更换新鲜的。

观察　绿鬣蜥的身体

前足　长长的爪子确保绿鬣蜥可以牢牢地抓住树木

后足　没有像前足一样尖锐的爪子。长长的脚趾可以支撑起身体

脸部
●绿鬣蜥的喉部有一层膜。平常收起来，在发怒和求爱时会张开这层膜。
●耳朵位于眼睛的斜下方。

耳朵

喉部的膜

　在宠物商店出售的几乎都是幼年绿鬣蜥。据说饲养到40cm之前的阶段非常困难。

盖子

绿鬣蜥可能会从饲养箱中逃出来，所以一定要使用网纱做的盖子。并且绿鬣蜥的力气很大，所以盖子的上面一定要放上很重的物体。

温度计

为了防止水槽里的温度过高或者过低，要准备好温度计，确保温度稳定。

食物

幼年和成年绿鬣蜥的食物种类并不相同。幼年时主要食用黄粉虫和蟋蟀等昆虫。成年之后几乎只食用蔬菜和水果等。

美洲鬣蜥用的粮食

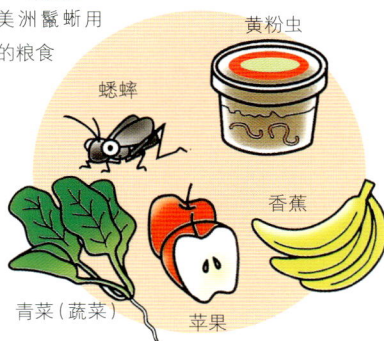

蟋蟀

黄粉虫

香蕉

青菜（蔬菜）

苹果

地板

铺上小动物用的牧草等。还可以起软垫的作用。

餐具

使用开口很大的容器。还可以选用犬用餐具等陶制品。

绿鬣蜥等爬虫类的同类，容易受周围环境、主人照顾方法等方面的影响，从而引发身体不适。尽量让绿鬣蜥感觉到安心，是成功的饲养方法的一部分。主人在绿鬣蜥休息时尽量不要去打扰它。

绿鬣蜥平静下来的样子

● 绿鬣蜥成年之后全长可以达到1.5米。在绿鬣蜥成年之前要好好进行饲养。

● 长大之后的绿鬣蜥力量很大，可以轻易地打开水槽的盖子逃跑。盖子上面一定要放上很重的物体。

28℃~30℃

● 饲养美洲鬣蜥的最适宜温度是28℃~30℃。可以利用加热器等工具，一直保持温度的稳定。

● 仅靠平常的喂食可能会发生营养不足的情况。准备好爬虫类用的维生素剂，混在食物里进行喂食。

作为幼年绿鬣蜥食物的活蟋蟀，在宠物商店里有售。

鸡

来亨鸡 ■鸡形目雉科 ■体重约2kg ■原产地·意大利

鸡是日本自古以来就饲养的家禽。鸡可以下蛋，鸡肉可以食用，对人类来说很重要。人类还对鸡进行了品种改良，能发出更悦耳的鸣叫声。鸡是和人类很亲密、容易饲养的家禽。

栖息木

虽然鸡不太会飞，但还是要准备栖息木。

小屋

鸡的小屋要搭建在通风良好、日光直射的地方。此外还需要能避雨和进行活动的场所。

巢箱

在雨淋不到的地方放置鸡的巢箱，里面铺上细细的稻草。母鸡会每天在这里产蛋。

锁

为了防止外面的动物跑进来，门一定要牢牢锁上。

沙地

鸡为了抖落身上的虫子，需要进行沙浴。如果沙子被粪便弄脏了要及时更换。

食物

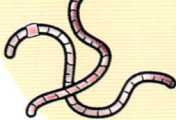

牡蛎粉

青菜

蚯蚓

小鱼干

喂给鸡用的混合饲料。还可以喂给牡蛎粉和青菜、小鱼干等食物。此外鸡还喜欢吃蚯蚓。

盛水的容器

在瓶子里装满水，倒着放进水桶等装有水的容器里并固定。这样水桶里就能一直保持一定的水量。

盛食物的容器

尽量使用大型的、坚固的容器。注意要选择方便鸡进食的高度。

观察 鸡蛋的成长

产卵后12小时
这时还辨认不出小鸡的轮廓

产卵后36小时
蛋黄的部分发生变化

产卵后一星期
用肉眼可以看出小鸡的体型轮廓

产卵后18天
已经长出翅膀、变成小鸡的样子

鸡的饲养离不了小石头。鸡吃下小石头和沙子后，可以在胃里对食物进行研磨。

●小鸡的饲养方法

在没有母鸡的情况下，主人一定要认真地进行饲养。可以使用小鸡专用的、较细的饲料。

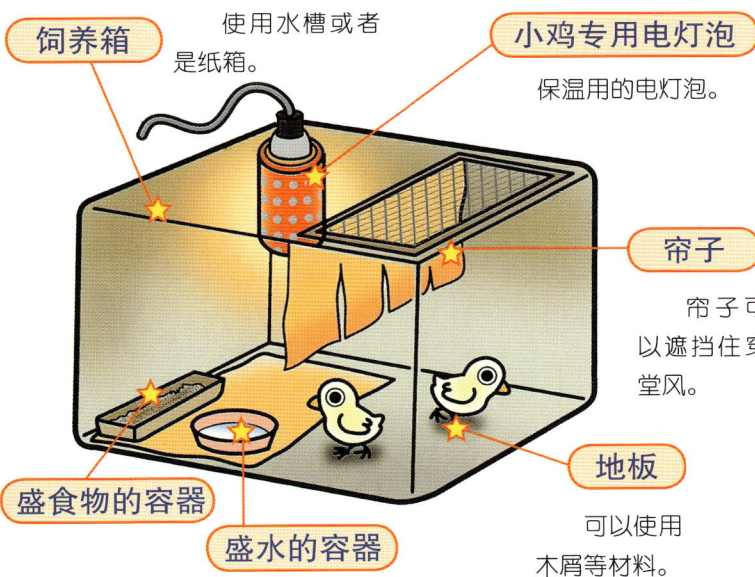

饲养箱 — 使用水槽或者是纸箱。

小鸡专用电灯泡 — 保温用的电灯泡。

帘子 — 帘子可以遮挡住穿堂风。

盛食物的容器

盛水的容器

地板 — 可以使用木屑等材料。

!**注意**
●小鸡和雏鸟一样是很怕冷的生物。可以使用小鸡用电灯泡和小动物用的加热器，使温度保持在35℃～38℃。在同时饲养母鸡的情况下，让母鸡饲养小鸡是最好的。

观察 鸡的身体

鸡冠很大

鸡冠很小

肉垂很大

肉垂很小

公鸡　　　　母鸡

公鸡和母鸡的区别是，公鸡的尾巴和翅膀比较长，啼叫声也响亮。母鸡只会发出"咯，咯"的啼叫声。

公鸡的足部有尖锐的大大的距，在击退外敌和争夺鸡群的首领地位时使用。公鸡心情不好时也会猛地朝主人扑过来，因此一定要注意。

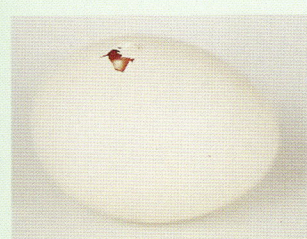
孵化当日1
蛋壳从中间破开

孵化当日2
蛋壳渐渐被破开

孵化当日3
慢慢可以看见小鸡的样子

孵化当日4
小鸡靠自己的力量爬出来

✎ 供食用的鸡蛋是无精卵，不论怎么加温都不会变成小鸡。而在公鸡和母鸡一起饲养的情况下，母鸡下的蛋则有孵化的可能性。

鹅、鸭

中国鹅　■雁形目鸭科　■体重约5.4kg（公），约4.5kg（母）
■原产地·中国

鹅和鸭都是为了取得蛋、肉和羽毛而饲养的家禽。现在还出现了用来观赏的鹅、鸭。

中国鹅

屋檐
为了防雨遮阴，让鹅和鸭能凉爽度日，屋檐是必不可少的。

盛食物的容器

小屋
为了防止鹅和鸭逃出去，以及外来的动物如猫等的侵入，要用网和栅栏等物体围起来。

萝卜的叶子
小松菜
青菜

食物
鹅和鸭每天都吃很多的食物。可以喂给鸡用的混合饲料和小松菜、青菜、萝卜的叶子等。

饮用水
虽然池塘的水也可以喝，但还是要准备好新鲜的水以及大型、较浅的容器。

池塘
最好有能供鸭和鹅戏水的池塘。

观察　中国鹅的身体

额部肉瘤的大小是区分公母的标志。
肉瘤很大的是公鹅。
母鹅的肉瘤并不明显。

作为鸭子的同类，鹅的足部也因为需要在水里游泳长有很大的蹼。

修整羽毛使自己能浮在水面上
戏水中和戏水之后，鹅和鸭会用喙对尾巴根部进行摩擦，可以对鹅和鸭用喙对羽毛进行修整的样子进行观察。

这个动作是把尾巴根部油腺分泌出来的油涂抹到羽毛上。这样水就不会沾湿羽毛。这些羽毛像船的外壳一样，使鹅和鸭能浮在水面上。

鹅的繁殖期是春天。每年产卵的数量大约是40个。孵化日期约为31天。鸭的繁殖期是春天～秋天。每年产卵的数量是150～160个。孵化日期约为28天。

鸽子

家鸽

原鸽　■鸽形目鸠鸽科　■全长31~34cm　■分布·非洲北部~中国
　　　　　◆现有鸽子品种是由原鸽改良而来的。

在没有手机的年代，鸽子强大的归巢本能（从很远的地方飞回到自己的巢）被用来进行书信传递，人们称之为"飞鸽传书"。当时的报社一般都养有鸽子。现在的鸽子则是用作比赛和观赏。

饲养小屋的里面
饲养小屋里面要有方便鸽子驻足的分为几段的栖息木。

●饲养小屋

饲养小屋要搭建在日照良好的地方。可以搭建在屋檐等鸽子飞回来时容易看清楚的地方。并且要在饲养小屋的出入口处加上盖子以防止猫等动物侵入。

日光浴可以杀灭鸽子身上的螨虫、会飞的小虫等。

鸽钟
比赛时用来测时间的机械。把飞回来的鸽子的脚环放进去以计算时间

食物

主食喂给鸽子用的混合饲料。还可以喂给盐土和青菜、火麻仁等。

盐土
火麻仁
青菜

鸽子经常喝水，所以要装好自动饮水器。

公园的鸽子
在公园经常可以看到的鸽子是由家鸽野化而来的

◢ 观察　**家鸽的成长**

①鸽子的蛋。一共产了2枚。鸽子在雨淋不到的地方，用小树枝筑巢。

②孵化好的雏鸟。产卵后的17~18天内孵化。孵化之后的一段时间内，羽毛的颜色呈黄色。

③母鸽在白天孜孜不倦地搬运食物，晚上用身体给雏鸟取暖并看护它们。

④孵化后的第20天。一点点长出了和父母亲一样的羽毛。大约经过1个月就会离巢。

✎ 鸽子的归巢训练在离巢后的两周时间内开始。最初要让鸽子空腹，飞出去之后在小屋里拿着食物进行召回。

89

十姐妹鸟

■雀形目梅花雀科　■全长11cm　■原产地·东南亚

据说十姐妹鸟是将分布在东南亚的白腰文鸟在日本进行品种改良后得来的。十姐妹鸟善于育雏，并且身体强健能抵御寒冷，非常适合初次养鸟的人。

笼子

饲养的平时，使用笼子就可以了。想让十姐妹鸟繁殖时周围要用纸箱围起来。

装青菜的容器

在笼子里放入装青菜的容器。里面放入少量的水。

雀鸟用粮食

食物

喂给小鸟用的混合饲料、牡蛎粉、青菜等食物。

牡蛎粉　小鸟的饲料

牡蛎粉

小鸟的混合饲料

青菜

巢

可以使用壶状的鸟巢。还可以利用紧固件对鸟巢进行加固。

戏水

十姐妹鸟喜欢戏水，每天都要为它们准备好干净的水。

盛水的容器

每天都准备好新鲜的饮用水。

盛食物的容器

可以使用笼子里配套的容器。

●**雏鸟的饲养方法**　从雏鸟开始饲养，和主人亲近了之后可以试着让十姐妹鸟和文鸟在手上站立。

雏鸟出生后，试着体验一下育雏吧。虽然一刻也不能离开，非常辛苦，但是看着雏鸟成长是很快乐的。

喂给雏鸟的食物用30℃左右的热水进行加热。

使用雏鸟的喂食工具对它进行喂食。

雏鸟的嘴巴向上张着。喂食直至雏鸟的胃袋涨起来为止。

这是用来饲养雏鸟的竹筐。具有良好的通气性和保温性。注意使竹筐里面温度保持在28℃~30℃。

　✎　一年中，十姐妹鸟的繁殖期通常在春天和秋天。每次产卵4~7个。孵化日期约为14天。

● 栖息木的粗细

太细的栖息木

粗细刚好的栖息木

太粗的栖息木

　　栖息木太粗或是太细都不行。十姐妹鸟抓住栖息木时，以足部的脚趾可以包住木头的三分之二这种程度最佳。

● 食物的管理

　　带壳的食物如果仅剩下壳，粗看会以为还剩下食物，其实已经没有了。每天喂食时轻轻吹一下，把空壳清理掉。

筑巢的材料

　　把筑巢的材料一起放进饲养箱后，十姐妹鸟会自己取出来搬到巢里，根据自己的喜好筑巢。

文鸟

■雀形目梅花雀科　■全长14～16cm　■原产地·东南亚

　　文鸟是在东南亚的爪哇岛和巴厘岛等地经常可以看到的小鸟。在江户时代作为饲养鸟类被带到日本，繁殖出了很多的品种。

　　虽然是有攻击性的小鸟，但是身体强壮，喜欢和人亲近，可以作为手玩鸟。

巢箱

　　饲养方法和十姐妹鸟一样，但是要使用文鸟专用的巢箱。另外，如果同时放入筑巢的材料，文鸟会自己把它运回巢箱里。

戏水

　　文鸟非常喜欢戏水，所以每天都要更换干净的水。装水的容器也要定时清洁。

食物

　　虽然文鸟食用的食物和十姐妹一样，但是混合饲料要使用文鸟专用的饲料。喂给带壳的食物时，每天要检查剩余的食物量。

◆十姐妹鸟·文鸟的同类◆

■全长　◆主要特征

小斑十姐妹
■11cm
◆小斑十姐妹全体呈白色，两肩之间有茶色的斑点。

茶色十姐妹
■11cm
◆茶色十姐妹全体呈茶色。

樱文鸟
■14～16cm
◆樱文鸟是灰文鸟和白文鸟杂交后产生的品种。

白文鸟
■14～16cm
◆白文鸟是灰文鸟白化后的品种。

　　✎　文鸟的繁殖期在10月～翌年5月。每次通常产下5～6个蛋。孵化日期约为18天。

鹦鹉

虎皮鹦鹉 ■鹦形目鹦鹉科 ■全长18cm
■原产地·澳大利亚

虎皮鹦鹉是在日本广泛被饲养的小型鹦鹉。身体强壮，饲养也较简单，还可以作为手玩鸟。训练得当的虎皮鹦鹉还会学人说话。

虎皮鹦鹉

笼子

可以使用小鸟的笼子进行饲养。成对饲养时，40～50cm大小的笼子是最合适的。

巢箱

巢箱在产卵和育雏时是必要的。宠物商店有虎皮鹦鹉用的巢箱出售。

盛水的容器

每天准备新鲜的水。可以使用笼子里配好的容器。

笼子的抽屉

虎皮鹦鹉会排便、打翻食物，所以每天都要进行清洁。在笼子的抽屉里铺上大小合适的报纸，弄脏后只要更换报纸就可以了。

●雏鸟的饲养方法

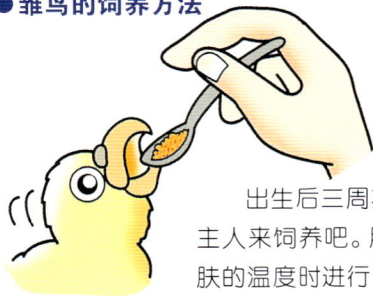

出生后三周左右就试着让雏鸟离开亲鸟，由主人来饲养吧。用热水浸泡玉米，在接近人体皮肤的温度时进行喂食。可以购买专供育雏用的勺子和餐具。

●孵卵时

不要去触摸和偷看正在孵卵和育雏中的鹦鹉的巢箱。尽量将鹦鹉放置在安静的房间里，到了晚上用布将笼子盖起来，保持光线昏暗。

在澳大利亚，数量巨大的野生虎皮鹦鹉聚集成群，并生活在一起。

装青菜的容器

在容器里放进少量的水，再把青菜插进去。青菜每天都要更换。

盐土

在小型的盛水容器中放入盐土。

餐具

和盛水的容器一样，可以使用笼子里配好的容器。根据盛食物容器的高度，栖息木的高度也要相应调整。

食物

主要食用鹦鹉专用粮。另外，可以喂给牡蛎粉以补充钙质。对于吃土的鹦鹉，还需要喂给盐土。

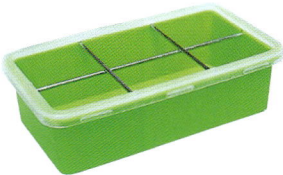

小鸟的混合饲料　牡蛎粉

小鸟的饲料　牡蛎粉

盐土　青菜

●让鹦鹉进行日光浴的方法

天气晴好的白天，要让鹦鹉进行日光浴。这个时候可以给笼子整体喷洒少量水，代替平时的戏水。

●让鹦鹉学会人类的语言

出生后2个月左右时，是教虎皮鹦鹉学会人类语言的最佳时间。在还是雏鸟时，试着每天重复呼唤它的名字。最初可以从简单的元音教起。

中型鹦鹉

鸡尾鹦鹉　■鹦形目凤头鹦鹉科　■全长33cm　■原产地·澳大利亚

虹彩吸蜜鹦鹉　■鹦形目吸蜜鹦鹉亚科　■全长25~30cm　■原产地·印度尼西亚、新几内亚、澳大利亚

鸡尾鹦鹉
脸颊有橙色的纹路，是有代表性的中型鹦鹉。可以用比虎皮鹦鹉笼子的铁丝还粗的笼子进行饲养

虹彩吸蜜鹦鹉
是一种因五彩斑斓的颜色而非常受欢迎的中型鹦鹉。可以使用比鸡尾鹦鹉笼子铁丝还粗的笼子进行饲养

食物

葵花子　苹果

盐土

牡蛎粉

牡蛎粉　青菜

对于中型鹦鹉，除了能喂食和虎皮鹦鹉一样的食物之外，还可以添加水果或者葵花子。

观察　鸡尾鹦鹉的羽冠

平时羽冠是垂下来的。　兴奋和受惊吓时羽冠会立起来。

✎ 虎皮鹦鹉每隔1~2天进行产卵，每窝能产5~6枚蛋。

金丝雀

■雀形目雀科 ■全长12.5cm
■原产地·大西洋的加纳利、马狄拿、爱苏利兹等岛屿

红金丝雀

金丝雀是16世纪初被带到欧洲并开始被饲养的小鸟。它的啼叫声非常优美，传说是在江户时代由荷兰人带到日本的。

笼子

金丝雀是供人欣赏外形和声音的鸟类，出于美观，通常会使用圆形的笼子。当然也可以使用四方形的笼子。

盛青菜的容器

食物

为了使红金丝雀的毛色看起来鲜艳，要在食物里混入增色剂。还可以喂给牡蛎粉和青菜。

金丝雀用混合饲料

青菜

增色剂

增色剂

牡蛎粉

秋千

也属于栖息木的一种。金丝雀站上去后会摇晃起来，可以作为它的玩具。

栖息木

金丝雀专用的笼子里已经配好大小合适的栖息木。

盛食物的容器

除了盛水和盛食物的容器，还要准备增色剂用的容器和牡蛎粉用的容器。

● **金丝雀的脚环**

金丝雀的脚环上刻有每只金丝雀的出生年份。这还是提交给金丝雀品评会的登记号码。

● **让金丝雀繁殖的方法**

使用浅碟形的巢

让金丝雀繁殖时，必须使用繁殖用的木制箱子。里面光线很暗，可以使金丝雀平静下来。

木制的箱子后面有门，可以由此观察卵的情况。

金丝雀的繁殖期在3～10月。通常产卵数量是4～5枚。孵化期是14日。

水生生物（淡水）

这章介绍金鱼、鲫鱼、青鳉鱼和泥鳅等我们身边常见的鱼和热带鱼，以及小龙虾和贝类等。除了一部分热带鱼外，其他为只需要水槽和空气泵就可以饲养的水生生物。

水泡眼金鱼

金鱼

日本金鱼 ■鲤形目鲤科 ■体长15～25cm ■原产地·中国

日本金鱼

人们从很早以前就开始饲养金鱼，它和人的关系很亲密。金鱼对水的要求不高，购买也很方便，最适合初次养鱼的人。

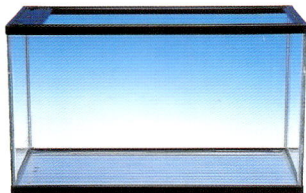

水槽

根据金鱼体型大小和数量，选择适合的水槽吧。

过滤器

对水槽的水进行循环，去除垃圾等杂质，保持水质清洁。海绵过滤器也可以埋在沙子里使用。

金鱼的数量

根据水槽的大小决定金鱼的数量。最好不要放入太多。（60cm大小的水槽，放入5cm左右大小的金鱼15～20条，最理想的数量是5～10条。）

岩石

放入岩石作为金鱼的藏身之处吧。

空气泵

空气泵是将空气送入水槽里的装置。还有可以调节空气送入量的空气泵。

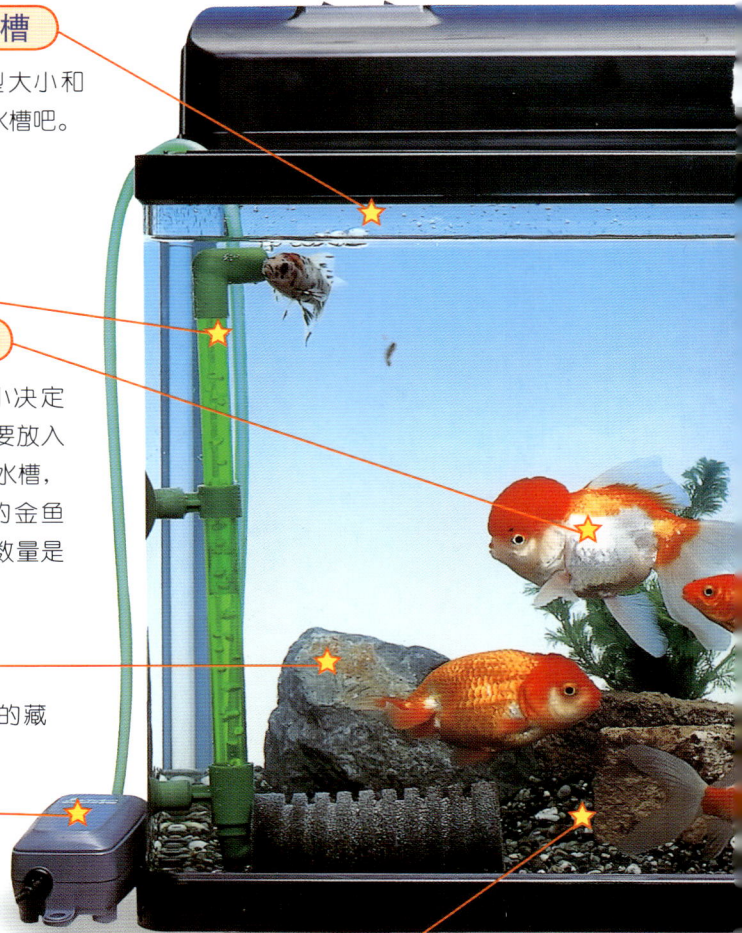

砂石

铺上4～5cm厚的小粒砂石。

● **琉金的饲养方法** 4～7月是产卵期。可以在产卵后对琉金进行观察。

琉金附着在水草上产卵。

幼鱼经过5～7天孵化后开始游动。

1个月左右时的琉金的幼鱼，还不是红色的。

变成鲜艳的红色的琉金。（成鱼）

大型品种的金鱼，在从幼鱼开始饲养的情况下，尽量从小就用大型的水槽进行饲养。这样金鱼长得比较快。

照明灯对于水草的生长是必要的，还可以使金鱼看起来更漂亮。

食物

可以用市面上出售的金鱼饲料，另外，适时地喂给线蚯蚓、红虫等活的虫子。注意，喂食过量会导致水质的污染。

线蚯蚓

红虫

金鱼的饲料

水草

水草能吸收水中的二氧化碳，释放出氧。还可以作为金鱼的藏匿之处和产卵的场所。

水

可以使用自来水，但要先静置一天，除去水中的漂白粉。

● 根据容器的不同，增减饲养的数量

即使是同样的水量，与空气接触面大的容器比与空气接触面小的容器可饲养的数量多。

1条

2条

5条

观察　金鱼的尾鳍

有各种形状的尾鳍。

鲫鱼尾（日本金鱼）

开放尾（黑龙晴金鱼）

孔雀尾（地金）

金鱼的粪便

从屁股那里垂下来的长长的东西就是金鱼的粪便。

寒冷时金鱼待在水槽的下方，炎热时则待在水槽的上方。

●金鱼的同类●

■体长 ■原产地 ◆主要特征

金鱼是由鲫鱼改良而来的鱼类，在中国和日本，金鱼作为观赏鱼自古以来就备受人们的喜爱。江户时代金鱼的饲养被广泛传播开来，培育出了很多品种。现在金鱼的改良工作仍在进行中。

细长的身体

双尾鳍或鲫鱼尾

细长的身体

燕尾

日本金鱼（和金）
■15～25cm ■中国 ◆和金作为日本历史悠久的金鱼，取象征日本的"倭·和"之意的"和"字得名。

彗星
■25～35cm ■美国
◆像彗星一样长长的尾巴是这种金鱼的特征。

有褶皱

双尾鳍

← 花房
■15～20cm ■中国 ◆鼻子的褶皱随着金鱼的生长而生长。

五花琉金
■20～25cm ■日本（千叶县）◆五花琉金的体型以及鳍和琉金一样。红色、白色、黑色等颜色的皮肤像马赛克一样，非常漂亮。

各处的鳍都很小

突起的眼睛

开放尾

尖锐的嘴尖

地金
■10～15cm ■日本（爱知县）◆像孔雀一样张开的尾鳍是它的特征。

孔雀尾

大大的水泡

水泡眼
■20～30cm ■中国 ◆这种金鱼的眼睛下面有着大大的水泡。

黑出目金
■20～30cm ■中国 ◆左右两只突出的眼睛是它的特征。

尾鳍又长又大

燕尾

四叶尾鳍

茶金
■20～30cm ■中国 ◆茶金是在光照下闪耀出金色光泽的美丽金鱼。

朱文锦
■20～30cm ■日本（千叶县）◆是比和金更聪明，马赛克模样十分漂亮的金鱼。

← 秋金
■10~15cm ■日本（千叶县） ◆秋金是兰寿金鱼和荷兰狮子头的杂交品种。

四叶尾鳍

只有头顶是红色

没有肉瘤

➡ 丹顶
■20~30cm ■中国 ◆这种金鱼的头部长着丹顶鹤头部的模样。

很大的肉瘤

四叶尾鳍

又长又大的尾鳍

土佐金鱼
■6~10cm ■日本（高知县） ◆因在土佐（现在的高知县）培育成功而得名。它的特征是尾鳍的部分是弯曲的。

荷兰狮子头
■20~30cm ■中国 ◆头部上很大的肉瘤，以及又长又大的尾鳍使这种金鱼看起来很华丽。

肉瘤

没有背鳍

肉瘤

四叶尾鳍

东锦
■20~30cm ■日本（神奈川县） ◆东锦是荷兰狮子头和三色出目金的杂交品种。

四叶尾鳍

双尾鳍

兰寿金鱼
■15~20cm ■中国 ◆这种金鱼体型像鸡蛋一样，长大后头部的肉瘤很发达。

高头珍珠
■15~20cm ■中国 ◆圆圆的像球一样的体型和像珍珠一样有光泽的坚硬的鳞片是它的特征。

各种鳍都很长

青文鱼
■20~30cm ■中国 ◆青文鱼的体型和荷兰狮子头很像。

尖尖的嘴巴

蝶尾
■15~20cm ■中国 ◆蝶尾和出目金鱼长得很像。尾鳍像蝴蝶的翅膀一样伸展开来。

琉金
■20~25cm ■中国 ◆它的特征是圆圆的体型和大大的伸展开来的尾鳍。

江户锦
■15~20cm ■日本（千叶县） ◆江户锦是兰寿金鱼和东锦的杂交品种。身体颜色像马赛克一样。

✏ 根据饲养情况的不同，金鱼的大小也会有所差别。体型较大的可以长到20~30cm。

青鳉鱼

绯目高 　■鳉鱼目鳉鱼科　■全长4cm

虽然野生的青鳉鱼分布在除北海道以外的日本各地，但是数量在不断减少，现在已经很难看到它的踪迹了。橙色的绯目高是野生的黑青鳉鱼的改良品种，可以在热带鱼商店买到。

绯目高（雌鱼）

空气泵

空气泵是将空气送到水中的必要器具。价格很高的空气泵使用起来比较安静，空气的量可以调节，使用起来很方便。软管前端连接着的气泡石是把空气变成细小气泡的装置，通过它氧气可以充分释放到水里。

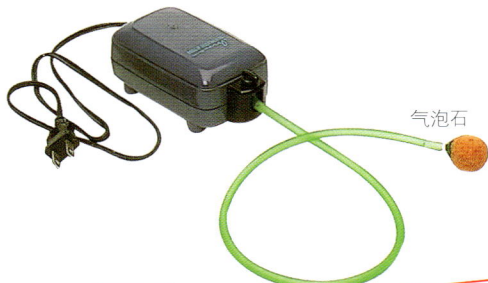

气泡石

水槽

宽度在30～40cm的水槽适合饲养10～15条青鳉鱼。除了大型的水槽，可以再准备一个小型的水槽。用来饲养鱼卵会非常方便。

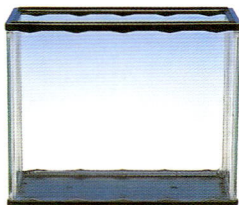

●绯目高的饲养方法　雄鱼很长寿，饲养得当可以活4年。

产卵后1个小时的卵
卵上附有被称为附着毛的绒毛，会互相纠缠在一起

第4天的卵
卵全体开始变黑，眼睛和心脏、血管、胸鳍开始长出来

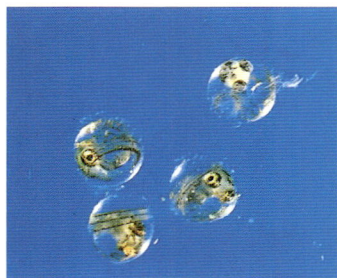

8天后的卵
身体的大部分都长出来了，等待孵化

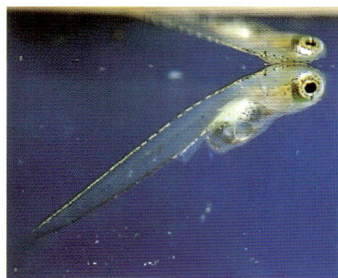

孵化后的幼鱼
幼鱼一开始食用浮游生物和海藻

　产卵期在4～10月，水温保持在18℃～30℃的情况下，青鳉鱼会不分时期进行产卵。

盖子

饲养箱容易受到猫的侵扰，所以盖子一定要牢牢盖好。

●放置的场所

要避免阳光直射，把饲养箱放置在挂有蕾丝窗帘的窗户旁边吧。

水草

在饲养箱里放入金鱼藻、松藻、加拿大藻、凤眼兰等水草，青鳉鱼会在上面产卵。

食物

每天喂食一次市面上出售的青鳉鱼饲料。注意不要喂食过量，以免留下残渣。为了能顺利进行产卵，还可以适时地喂给活的线蚯蚓。

观察 雄鱼、雌鱼的不同

观察它们鱼鳍的不同吧。

雄鱼

背鳍上有缺口

臀鳍的宽度很大

雌鱼

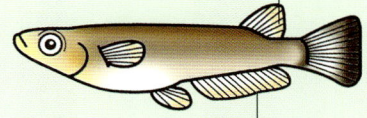

背鳍上没有缺口

臀鳍的宽度很小

实验

青鳉鱼有逆水游泳的习性，可以在水桶里制造出水流进行实验。

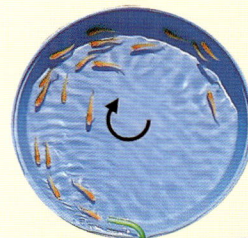

← 水流向右时，青鳉鱼开始向左游动。

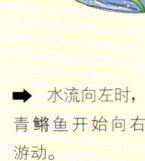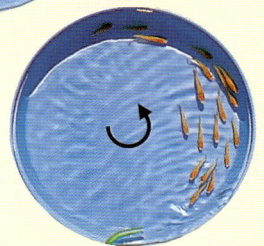

→ 水流向左时，青鳉鱼开始向右游动。

●绯目高的身体（雄鱼）

嘴部

眼睛
眼睛和身体比起来显得比较大

鳃盖
这里面是鳃

背鳍
背鳍长在身体后方

背骨

嘴部朝上，适应它喜食水面附近食物的生活习性

✏ 青鳉鱼有成群活动的习性，水槽里面可以看到青鳉鱼争先恐后抢地盘的情况。

鲫鱼和鲤鱼

兰氏鲫

金鲫鱼 ■鲤目鲤科 ■全长约15cm ■分布·日本全国

鲫鱼和鲤鱼同属鲤科，是非常接近的同类。外形也非常相似，鲫鱼比鲤鱼的体型要小，没有须。可以根据鲤鱼较大型且身体细长、嘴巴有四根须的特征进行区别。

水

使用市面上出售的去除漂白粉的水质调整剂会比较方便，此外把放进容器里的自来水放置一整天，也可以除去漂白粉。

过滤器

简单的投掷式过滤器是利用空气使水流动的类型。使用过滤量比较大的过滤器是饲养的诀窍。

空气泵

可以根据水槽的大小进行选择。45~60cm的水槽，选择市面上出售的一般大小的空气泵就可以了。

●鲫鱼的同类●

■全长 ■分布 ◆主要特征　　鲫鱼的同类广泛居住在日本各地的池塘和河流、沼泽等地方。

兰氏鲫
■10~20cm ■日本各地 ◆兰氏鲫又叫土鲫鱼。属于杂食性的鱼，冬天会移动到较深的地方。

白鲫
■约22cm ■日本各地 ◆白鲫的原产地是琵琶湖，现在被放流到日本各地，又叫高身鲫。

长背鲫
■20~40cm ■琵琶湖 ◆它食用动物性浮游生物和水藻。被制成琵琶湖的名产"鲫鱼寿司"因而有名。

　在关东地区雌鱼比较多，雄鱼几乎没有。可以推测雌鱼是借由其他鱼类的精子进行产卵。

● 鲤鱼的饲养方法

鲤鱼的饲养方法和鲫鱼一样。但是鲤鱼会不断长大，因此一定要准备大型的水槽。鲤鱼是容易跳出水面的鱼，所以盖子一定要盖好。

水草

水草可以在水中释放出氧气，还是鲤鱼产卵的场所，因为非常有必要种植。

岩石

放入岩石时，水槽里的环境会更接近自然。放进各种形状的岩石还可以作为鱼的藏身之处。

食物

喂给鲤鱼用的混合饲料和线蚯蚓、红虫等食物吧。

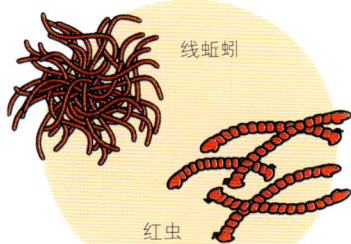

线蚯蚓

红虫

砂石

在水槽底部铺上砂石可以让水质保持清澈。可以铺上4～5cm厚的大颗的砂石。

● 锦鲤的同类 ●

锦鲤是作为观赏鱼而被培育出来的鱼。江户时代就开始进行品种改良，现在也培育出了很多的新品种。

绯写锦鲤

银松叶

大和锦

昭和三色

德国种松叶黄金

山吹黄金

观察　鲫鱼和鲤鱼的不同

鲫鱼

没有须

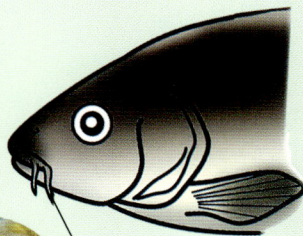

鲤鱼

在嘴巴的两侧各有2根须

● 鲤鱼嘴部的开合方法

鲤鱼的两颚没有牙齿，嘴部可以稍稍向前伸出。这样是为了方便吸取河底的泥土和砂石，从而食用其中混入的小虫和贝类。

✎　鲤鱼及同类的内耳和鱼鳔的连接处，被称为韦伯氏器的器官很发达，因此可以很好地听到声音。

泥鳅

泥鳅　■鲤形目鳅科　■全长10~18cm　■分布·日本全国

泥鳅的同类主要生活在水底，有潜在沙子和泥土里的生活习性。嘴部周围有胡须，胡须的数量根据种类不同也各不相同。日本大约分布有10种泥鳅的同类。

泥鳅

水槽

45cm的水槽饲养15条，60cm的水槽饲养20条左右是比较合适的。

空气泵

根据水槽的大小选择合适的电动空气泵。小型的水槽可以选择市面上出售的普通空气泵。

过滤器

过滤器是去除水中的垃圾、保持水质清洁的工具。可以使用较大型的简单投掷式过滤器。

漂流木

可以放入漂流木和大块的岩石，为鱼制造出躲藏的地方。

砂石

在箱里铺上2~3cm厚的大颗的砂石。

食物

除了金鱼的饲料，还可以喂给活的红虫和线蚯蚓等。

  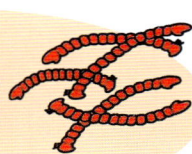

金鱼的饲料　　　线蚯蚓　　　红虫

●泥鳅的同类●

■全长　■分布　◆主要特征

斑北鳅
■4~6cm　■本州、四国　◆斑北鳅有8根胡须，食用水生昆虫的幼虫和小动物等。

琵琶湖鳅
■5~12cm　■本州、四国、九州　◆琵琶湖鳅有6根胡须，食用水藻和小的水生昆虫。

筋缟泥鳅
■5~10cm　■琵琶湖、福井县、香川县、福冈县等　◆筋缟泥鳅有6根胡须，食用蠓等小动物。

泥鳅同类的鳞片很细小。其中有些泥鳅的鳞隐藏在皮肤下面，从外观上不易发现。

进行肠呼吸的泥鳅

泥鳅用鳃呼吸，也可以用嘴巴直接呼吸空气。在肠部吸收氧气之后，从屁股排放出二氧化碳。在水中氧气不足的时候经常可以看到直接呼吸空气的泥鳅。

水草

种植水草可以更接近自然的景色，鱼也会心情愉悦。

水

净化时加入市面上出售的去除漂白粉的水质调整剂会比较方便，此外，将自来水放置一整天，也可以除去漂白粉。

● 泥鳅的冬眠

生活在池塘和河流里的泥鳅在冬天时会潜入泥和土壤里面进行冬眠。泥鳅可以进行皮肤呼吸，只要有一点点湿气就可以存活。

鲇鱼

鲇鱼　■鲇形目鲇科　■全长25~50cm　■分布•日本全国

鲇鱼生活在水温很高的沼泽和池塘或水流缓慢的河流底部的泥里面。白天隐藏在背阴处，主要在夜晚活动。食用鱼类、青蛙和小龙虾等。

管道

鲇鱼有隐藏在背阴处的生活习性，可以放入塑料管道等物体，为鲇鱼制造出躲藏的地方吧。

食物

可以喂给鲇鱼切成小块的冷冻虾、蛤仔、小鱼等。注意不要喂食过量。

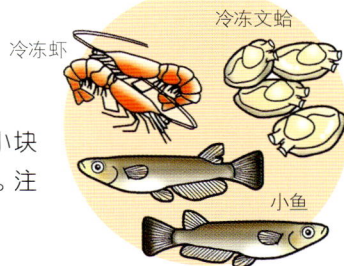
冷冻虾　冷冻文蛤　小鱼

！ 注意

● 鲇鱼生性活泼、食欲旺盛，同时饲养2条时会发生打架的情况。因此，最好只饲养1条。如果放入其他的鱼，就会被鲇鱼吃掉，所以不能将其他生物放入与它共用的水槽。

✎　泥鳅的胡须可以用来搜寻藏匿在泥中的线蚯蚓等食物。

热带鱼1

孔雀鱼	■鲤齿目花鳉科	■全长3cm（♂）	■原产地·委内瑞拉、圭亚那等地
蓝曼龙	■鲈形目攀鲈科	■全长10cm	■原产地·印度、马来半岛、泰国
搏　鱼	■鲈形目斗鱼科	■全长5～8cm	■原产地·泰国、柬埔寨

孔雀鱼

孔雀鱼等热带鱼原本生活在热带地区的河流和湖泊等地方。人们对其进行品种改良，培育出了很多颜色各异的品种。因为孔雀鱼是生活在温暖地带的鱼，所以要特别注意水的温度。

加热器

加热器可以用来保持适宜的水温。还有带恒温自动调节器，可以保持水温恒定的加热器。

底部过滤器

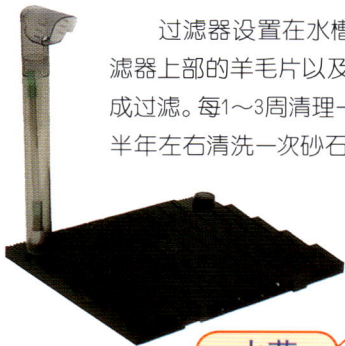

过滤器设置在水槽的砂石底部。通过过滤器上部的羊毛片以及砂石中的有益菌来完成过滤。每1～3周清理一次里面堆积的污物，半年左右清洗一次砂石。

水草

水草可以清洁水质，并在水中释放出氧气。热带鱼的水槽因为水温较高，水质容易污浊，更不能缺少水草。

空气泵

食物

热带鱼除了热带鱼用的饲料，还食用线蚯蚓和小虫（蚊子和活苍蝇）等活的食物。

线蚯蚓

蚊子　　活苍蝇

热带鱼用的饲料

观察　孔雀鱼雄鱼和雌鱼的不同

雄鱼有着漂亮的外表，而雌鱼则没有。雄鱼体型较小，臀鳍的前端有又尖又细的交接器。

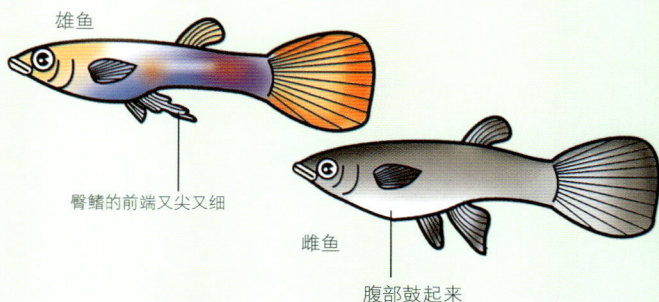

雄鱼

臀鳍的前端又尖又细

雌鱼

腹部鼓起来

蓝曼龙

水槽

根据饲养的数量选择适合的水槽。饲养10条的情况下60cm左右大小的水槽是最合适的。如果只是饲养一对蓝曼龙，30cm左右的水槽也可以。

水温计

在进行温度调整时需要用到水温计。以20℃～25℃为适宜水温，每天进行1～2次的水温检查。水温太高或是太低时，要结合水温计，通过增加冷热水进行水温的调节。

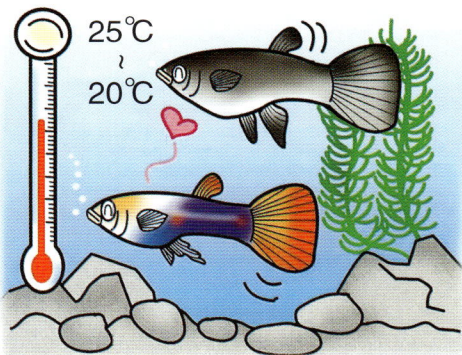

25℃
～
20℃

● 搏鱼的饲养方法

雄鱼

搏鱼的腮构造很特别，可以直接从空气中吸取氧气。因此，可以将搏鱼放进红酒杯等很小的容器里进行饲养。要注意水质容易污浊，需要频繁地进行更换。

！ 注意

● 搏鱼的雄性同伴间会激烈搏斗厮杀。饲养2条以上的搏鱼时，一定只能养1条雄鱼。

正在激烈搏斗的2条雄鱼

孔雀鱼的生产

孔雀鱼的卵在雌鱼的肚子里进行孵化，形成鱼的形状之后再进行生产。孔雀鱼1次可以产下20～100条幼鱼。刚出生的幼鱼大小是6～7mm。

蓝曼龙的腹鳍

蓝曼龙舞动着本来用于游泳的长长的腹鳍找寻食物。

蓝曼龙的筑巢

蓝曼龙雄鱼在雌鱼产卵期间用泡泡进行筑巢。它会收集水草的碎片，与从喉部吐出来的黏性物质进行混合，像吐泡泡一样吐在水面。

✎ 除了搏鱼，同一种类的蓝曼龙也可以用特殊的器官直接呼吸空气，所以在其他鱼类无法生活的很小的沼泽里也可以存活。

热带鱼2

水虎鱼* ■鲤形总目脂鲤科 ■全长20~30cm ■分布·南美洲热带地域

原产于南美洲亚马孙河流域的水虎鱼以其凶猛闻名，后作为观赏鱼传入日本，在热带鱼商店有2~3cm的幼鱼出售。水虎鱼有着尖锐的牙齿，所以接触时一定要小心。

黄肚水虎鱼

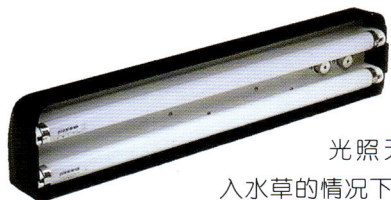

照明灯
水草没有光照无法生长。在放入水草的情况下一定要设置照明灯。鱼的颜色和模样在光照下也更显光彩夺目。也可以使用有两支荧光灯管，被称为双灯管的照明灯。

底部过滤器
过滤器可以设置在水槽砂石的底部。通过砂石中的有益菌来完成过滤。

加热器
对于生活在热带的鱼来说，需要用到加热器来保持适宜的水温。也有当水温下降时会自动启动电源的加热器。

🔺观察 水虎鱼的身体

尖锐的牙齿
水虎鱼像剃刀一样的牙齿和强健的下巴可以将食物撕碎食用。南美洲的河流里经常发生成群的牛和马等被水虎鱼袭击，并被吃得只剩白骨的事情。

●身体颜色的变化

繁殖期时，雄鱼从下巴到腹部的红色会变得更深。

🖊️ 水虎鱼为人熟知的同类有18种，热带鱼商店主要出售的是被称为高身银板的食用水草的温顺品种。

*水虎鱼：即食人鲳，不能放生野外，一旦入侵，不仅导致生态破坏，也会给人类构成威胁。

水槽

饲养时可以准备90cm以上大小的水槽。如果要进行繁殖，则需要使用120cm以上的水槽。尽量将水槽放置在安静的地方。

水

水虎鱼经常食用动物性的食物，水质容易污浊，可以以每周一次的频率更换掉三分之一或是四分之一的水。更换的水要事先静置一天。

水温计

饲养时最适宜的水温是26℃左右。要经常对水温进行检查。水温太高或是太低时，结合水温计，通过增加冷热水进行水温的调节。

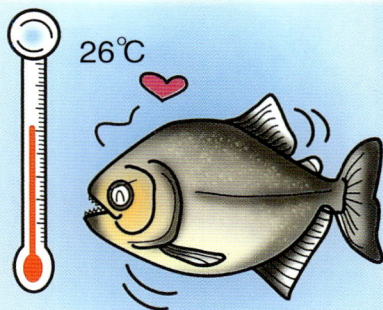

⚠ 注意

● 不要和其他鱼一起饲养

其他鱼会被水虎鱼吃掉，所以水槽里只能单独饲养水虎鱼。即使是水虎鱼同类，在缺少食物时也会互相残食，所以要喂足食物，不要让它饿着肚子。

● 不能直接用手投食

水虎鱼性情残暴，长有尖锐的牙齿，还可能会咬人，所以喂食时一定要十分注意。严禁将手伸入水槽里面。

食物

线蚯蚓

泥鳅

晒干的虾

金鱼

躲藏的地方

为了让鱼感到自在，可以放入漂流木和岩石等物品制造出藏身之处。

可以喂给2～3cm的幼鱼线蚯蚓和红虫、孑孓等食物。随着鱼儿的成长，也可以喂食活的泥鳅和金鱼等。吃剩的食物残渣要马上清理。

● 在当地，人们也会食用水虎鱼

凶猛的水虎鱼对于亚马孙流域的人们来说是珍贵的蛋白质来源。鱼肉被食用，牙齿则被用作刀具。

✏ 在水虎鱼的栖息地亚马孙河流域，雨季的1～2月是鱼的产卵期。数千个鱼卵被产在水底。雌鱼产卵后雄鱼会留在旁边看护着鱼卵。

●热带鱼的同类●

■全长 ■原产地 ◆主要特征

在被称为热带鱼的鱼类里，有鲤鱼和鲇鱼、青鳉鱼的同类。这其中大部分是生活在东南亚、非洲、南美洲等热带地区淡水里的鱼类。形状和颜色都很美丽，作为观赏鱼非常受人喜爱。

红绿灯
■3~4cm ■亚马孙河 ◆红绿灯是最流行的而且容易饲养的热带鱼。有着像霓虹一样美丽的颜色。

腹部的一部分呈红色

整个腹部呈红色

日光灯鱼
■4~5cm ■亚马孙河 ◆虽然它和红绿灯长得很像，但可以通过日光灯鱼腹部有又粗又长的红线进行区分。

九间鱼
■25cm ■亚马孙河 ◆九间鱼会长得很大，因此需要准备大型的水槽。它是草食性很强的热带鱼。

月光鱼
■5cm ■墨西哥、危地马拉 ◆月光鱼有很多不同颜色的变种，上图是黑尾红月光。它的特征是所有的鳍都是黑色的。

嘴部有须

双色角鱼
■12cm ■湄南河 ◆这种鱼的特征是全身除尾鳍为红色外，其余皆为黑色。它除了动物性食物外，还食用煮熟的菠菜。

剑尾鱼
■雄鱼6cm，雌鱼8cm ■墨西哥、危地马拉 ◆尾部有较长的剑状突起的是雄鱼。剑尾鱼可以实现性转换，由雌鱼转换为雄鱼。现已培育出许多花色品种。

双剑鱼
◆是红剑鱼的一种改良品种。

尾鳍上下两端均延长似剑状

孔雀鱼
■雄性3cm，雌性5cm ■南美洲北部 ◆有许多花色品种。孔雀鱼是卵胎生鱼类，雌鱼会直接生下小鱼。

蓝色草尾孔雀鱼
◆是孔雀鱼的改良品种。

射水鱼
■30cm ■越南、泰国、日本（冲绳县以南） ◆射水鱼可以喷射出水柱将陆地上的昆虫击落水中以捕食之。

除了河流里捕捉到的野生热带鱼之外，还有经人工繁殖和改良的新品种的热带鱼。

非洲慈鲷

■6cm ■非洲东北部 ◆非洲慈鲷的亲鱼会将卵含在嘴里，直到孵化后的幼鱼可以游泳为止。

七彩神仙鱼

■18cm ■亚马孙河 ◆像圆盘一样的体型是它的特征。幼鱼以亲鱼皮肤上像牛奶一样的分泌物为主食。

天使鱼

■12cm ■亚马孙河 ◆天使鱼很久以前就是广受人们喜爱的热带鱼，并且被培育出了不少新的品种。

杰克邓普西

■20cm ■亚马孙河 ◆这种鱼的名字来源于世界拳王杰克·邓普西。和它的名字一样，是具有很强攻击性的鱼。

丽丽鱼

■6cm ■印度 ◆雄性丽丽鱼有着美丽的蓝色外表。它们通常在水面吐泡沫筑巢，雌鱼会照顾泡沫巢中的卵直到它们可以自行游动。

皇冠沙鳅 ■15cm ■苏门答腊岛、加里曼丹岛 ◆皇冠沙鳅是一种活泼的鱼，喜欢成群生活。

接吻鱼

■20cm ■东南亚 ◆它是淡青色接吻鱼的白化品种。以喜欢相互"接吻"而闻名，但其实这并不是友情表示，而是一种争斗的行为。

双须缺鳍鲇

■12cm ■东南亚 ◆这种鱼的特征是鱼体全身几乎透明，它是鲇鱼的同类。

根据鱼的种类不同，繁殖方法也不同。有直接产下小鱼或将卵产在水草上或吐泡沫筑巢产卵等各种方法。

美国小龙虾

■十足目蝲蛄科 ■体长约10cm ■原产地·美国

小龙虾是日本原来没有的物种。现在已经适应了日本的环境，而且容易饲养，是具有很高人气的宠物。

饲养箱

塑料箱和水槽都可以饲养。根据饲养数量对箱子的大小进行调节。

漂流木

可以使用宠物商店出售的漂流木。捡回来的木头要使用除灰剂处理后再使用。漂流木还可以当作小龙虾的藏身之处。

食物

小龙虾什么都吃。可以把小鱼干用水泡软，把青菜烫过后进行喂食。把活着的小鱼放进去后它还会自己捕食。

小鱼干
水草
青菜

盖子

小龙虾会自己逃出来，所以一定要盖好盖子。

水

用除漂白粉剂将自来水进行处理后，放入水桶静置一天再使用。水质污浊之后要进行更换。

砂石

虽然没有砂石也可以进行饲养，但尽可能使用宠物商店出售的砂石，这样可以保持水质清洁。

● **区分雄性和雌性**

雄性 长在腹部的脚，最前面的那对最长

雌性 长在腹部的脚几乎是一样的长度

观察 **小龙虾的成长**

卵附在母亲的腹部下方，并在那里孵化。

孵化后经过一周，小龙虾就可以独立生活了。

可以给小龙虾的幼崽喂水草和线蚯蚓、红虫、死去的小鱼等食物。

● 小龙虾的采集

在风筝线的前端系上干鱿鱼等，放入有小龙虾的河流、池塘或池沼里面就可以钓到小龙虾。拿小龙虾时要拿背部，注意不要被夹到手。

● 在小龙虾的虾钳上套上吸管，防止它们打架

在饲养很多的情况下，它们相互间会打架并造成虾钳的脱落。在虾钳上套上吸管就可以防止这种事情的发生。

● 虾钳还会再长出来

即使虾钳脱落了，过一段时间也会自己长出来。在脱落的地方会长出小小的虾钳，渐渐地就会恢复到原来的大小。

日本螯虾

日本螯虾是数量在不断减少的一种螯虾。它们生活在清澈的水里，所以饲养时要使用空气泵和过滤器。

北美淡水虾

螯虾原产于北美洲。在日本，被引进的螯虾只生活在北海道的摩周湖。因为是大型的螯虾，所以要用大型的水槽进行饲养。水槽里面放进石头和水草，并准备好空气泵和过滤器。

● 螯虾蜕皮

①螯虾变得一动不动，身体颜色变黑。过一段时间后身体开始蜕皮。

②先从螯虾头部开始蜕皮，触角和足部都很完整地蜕掉了。

③刚完成蜕皮的身体很柔软。经过10天左右会变硬。

螃蟹

中型仿相手蟹

中型仿相手蟹 ■十足目相手蟹科 ■蟹壳宽度3.5cm
■分布·千叶县~四国、九州、冲绳

中型仿相手蟹是生活在海水和淡水相交汇的半咸淡水的螃蟹。它们居住在海岸附近的湿地和草地、水田等地方。

饲养箱

中型仿相手蟹可以用塑料箱和水槽进行饲养。根据饲养数量更换箱子的大小。

盖子

螃蟹会自己逃出来，所以一定要盖好盖子。

藏匿的地方

可以利用宠物商店出售的小玩具、空罐子等为螃蟹制造出藏匿的地方。

水

可以把螃蟹饲养在淡水里面。放入完全浸过它的水量。在自来水中放入除氯剂后，放置一天，即可无氯。

砂石

可以铺上在宠物商店买的黑磷砂。将一半的沙子斜着铺，以制造出陆地的感觉。

斑点相手蟹

食物

螃蟹是杂食性动物，所以可以喂给动物性蛋白质的小鱼干、小沙丁鱼干、水煮蛋等，还有金鱼的饲料、青菜等。

小沙丁鱼干
水煮蛋
小鱼干
青菜
金鱼的饲料

观察 雄性和雌性的不同

雄性 腹部是三角形的

雌性 腹部是圆形的

吐泡泡的螃蟹

在水质污浊和空气不足时，螃蟹会吐泡泡。

中型仿相手蟹的同类居住在海岸附近的水田和草丛里以及海岸边。

 # 虾

斑节虾 ■十足目长臂虾科 ■体长9cm ■分布·本州、四国、九州

雄性斑节虾的虾钳是体长的1.8倍，是一种有长长手臂的虾。它们生活在水流缓慢的河流、湖泊、池沼等有沙子或泥的地方。

斑节虾

水槽

根据饲养虾的数量和大小选择合适的水槽。饲养斑节虾时要选择30cm以上的饲养箱。

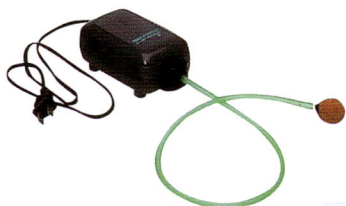

空气泵

水槽的大小和空气泵的力度强弱要相符合。市面上有可以调节空气输送量的空气泵出售。

水草

水草还可以作为虾的食物。最好是放入采集地的水草，也可以使用宠物商店出售的水草。

过滤器

根据水槽的大小选择相应的过滤器。内部的过滤片脏了之后要进行更换。

砂石

铺上2~3cm厚的砂石

食物

食物要切成小块。小鱼干和小沙丁鱼干要事先用水泡软再喂食。还可以喂给水草和烫过的青菜、金鱼的饲料等。

金鱼的饲料

水煮蛋
水草
小沙丁鱼干
鲣鱼干
金鱼的饲料
小鱼干
青菜
金鱼的饲料

●水槽的清洁员

和金鱼一起饲养的斑节虾会吃掉金鱼的食物残渣。

正在搜寻水槽底部食物的斑节虾。

⚠ 注意

●和斑节虾一起放入水槽的很小的鱼可能会被它吃掉。青鳉鱼以及其他种类鱼的幼鱼绝对不能和虾一起饲养。

✎ 生活在淡水里面的虾，除了斑节虾之外还有沼虾和条纹长臂虾。

贝类

紫贻贝　■贻贝目贻贝科　■壳长约25cm　■分布・日本全国
环纹蚬　■帘蛤目蚬科　■壳长约4cm　■分布・本州~九州
田　螺　■中腹足目田螺科　■壳高约6cm　■分布・北海道南部以南

环纹蚬

　　生活在河流和池塘里的贝类有双壳类和腹足类等多种类别。螺等腹足类同类的饲养方法很简单，因而繁殖得很快。想要长期饲养紫贻贝和环纹蚬等双壳类会很困难。

食物

贝类食用植物类的食物，因而可以喂给卷心菜等蔬菜，并在水槽里种植水草。

田螺

岩石

贝类会食用岩石上的苔藓，所以可以放入很大的岩石。

盖子

贝类会贴在水槽壁上逃走，因此一定要盖好盖子。

水槽

30~60cm的水槽刚好合适。水槽应放在冬暖夏凉的房子里。

过滤器

使用简单的投掷型过滤器会很方便。最好选择单次过滤量很大的型号。

水

一周换一次水。

砂石

砂石可以保持水质的清洁。最好铺上很大颗的沙子，厚度在可以完全埋没贝类的程度。

观察　**螺的产卵**

　　螺的同类并不产卵，而是在体内受精。它们在母亲的体内直至发育成小螺。每次生产的数量从几只到几十只不等。螺之所以不以幼体的形式生产，原因是和海边相比，池塘和河流等淡水水域里适合幼体的食物很少，会造成幼体的死亡。

出生时形状和父母一样的小螺

紫贻贝

　采集淡水贝类时，可以将湿润的落叶等一起用塑料袋收集起来带回去。

水生生物（海水）

海水中有很多美丽的生物，但饲养时如何保证充足的海水供应却是个难题。最近市面上开始出售高品质的人工海水使得饲养海水生物变得简单。除了海水鱼类外，本章还会介绍水母、海星、海胆、寄居蟹等海洋生物。

火焰仙

海水鱼

蓝绿光鳃雀鲷　■鲈形目雀鲷科　■全长8cm　■分布·鹿儿岛县以南

依靠人工海水的技术，没有饲养经验的人现在也可以进行海水鱼的饲养。可以通过饲养美丽而与众不同的鱼，观察它们的样子。

蓝绿光鳃雀鲷

水槽

根据饲养海水鱼的数量和大小选择相应的水槽。在饲养小型海水鱼的情况下，60cm左右的水槽就可以了。

加热器

为了保持水温的恒定，可以使用带恒温自动调节器的加热器。根据水槽的大小，加热器的种类也不一样，最好在宠物商店进行咨询。

珊瑚和岩石

购买在宠物商店里出售的珊瑚和岩石吧，既可以让水槽变得美观，还可以当作鱼的隐藏之处。

食物

根据鱼的种类喂给相应的食物。如海水鱼用的饲料、晒干的虾、海苔、裙带菜等。

晒干的虾　海苔　裙带菜　海水鱼用的饲料

蓝刻齿雀鲷　蓝绿光鳃雀鲷
黄高鳍刺尾鱼
火焰仙

！注意

躄鱼

● 要注意一起饲养的鱼是否能相处。小型的鱼如果和躄鱼这样嘴巴很大的鱼或很凶猛的鱼一起饲养就会被吃掉，所以大型鱼不要和小型鱼一起饲养。

● 家庭饲养的鱼中也可能有毒刺和尖锐的牙齿。喂养时一定要十分小心。

背鳍上长有毒刺的狮子鱼

长有尖锐牙齿的豹纹勾吻鳝

　　在海水鱼的种类里面，有到了夜晚身体会变色的鱼。

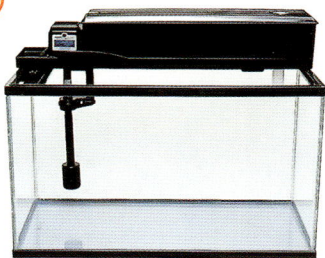
上部过滤器

外部过滤器

过滤器

根据水槽的大小进行过滤器的选择。60cm左右的水槽可以选择上部过滤器，60cm以上的大型水槽最好选择外部过滤器。

照明灯

将海水鱼专用的荧光灯和照明用的普通荧光灯放在一起使用。海水鱼专用的荧光灯价格比较贵。

水温计

饲养海水鱼的温度在25℃~28℃之间是最合适的。用水温计进行水温的测量吧。

沙子

可以选择宠物商店出售的珊瑚沙。根据饲养鱼的种类，选择颗粒较小的沙子。

● 制造海水的方法

制造人工海水时，根据鱼的类型不同，水的比例也不同。仔细阅读购买来的制造人工海水的说明书，并请家里人一起帮忙。

这是计量海水浓度的海水用比重计。浮在配好的海水上，根据红色的刻度读取浓度。

● 让海水水质保持稳定

不要突然把鱼放入水中，2周左右开动一次过滤器，让海水保持水质稳定。在过滤器里面滴入有益菌后，海水里就能产生有益菌，并使水质长期保持清洁。

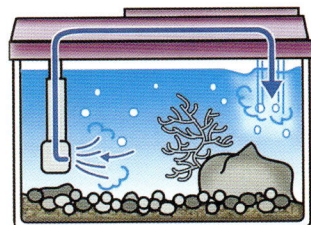

● 检查海水的浓度

把鱼放进配好的人工海水之后，也要适时地使用比重计检查海水浓度。盐分过多时，加入淡水直至比重计恢复到原来的位置。

观察 **岩石和珊瑚、罐子等是鱼的隐匿之处**

躲藏在岩石缝隙里的拟刺尾鲷。拟刺尾鲷到了夜晚就躲入珊瑚或岩石的缝隙里休息。颜色美丽的鱼几乎都是在白天活动，晚上休息。

小小的蓝刻齿雀鲷隐藏在罐子里面。有其他大型鱼在的情况下，为了保护自己，小鱼会成群结队地活动，并隐藏起来。

✏ 从海里取得的海水如果有细菌死亡，水质就会被污染，因此推荐使用人工海水。

水母

珍珠水母

珍珠水母 ■根口水母目硝水母科 ■伞的直径10~20cm ■分布·本州中部以南

水母因为优美的游泳姿态使得观赏者得到身心的愉悦，是非常有人气的宠物。但是水母的饲养很困难，只适合有丰富饲养经验的人。

尽量用大型的水槽来饲养水母，让水母能优雅地游泳是饲养的诀窍。

水槽

防护盖子

为了防止水母被过滤器的吸水口吸住，或是触碰到加热器，一定要加上防护盖子。

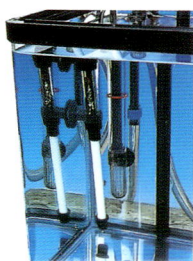

防护盖子的里面

排水口

为了不让水中出现气泡，可以将排水管设置在离水面3~5cm深的地方。

外部过滤器

水中不出现气泡是水母饲养的要点。使用外部过滤器，使过滤后清洁的海水流出时保持安静。

注意

18℃ ~ 22℃

● 有些种类的水母在低温的环境下也可以饲养。用加热器进行调节使水温保持在18℃~22℃，并适时地用水温计进行温度测量。

食物

水母的食物主要是一种被称为"卤虫"的小虾。喂食时用玻璃吸管将卤虫放入水母伞里面的嘴巴里。

●水母的同类●

■伞的直径 ■分布 ◆主要特征

海月水母
■15cm ■北海道西部以南
◆海月水母是经常能在海岸看到的水母。

朝天水母
■6cm ■鹿儿岛县以南
◆朝天水母以倒吊着的身姿成群地游动。

栉水母
■长轴6cm ■本州中部以南
◆栉水母生活在水比较浅的地方，可以捕捉到。

●海月水母的一生

水母的受精卵孵化为浮浪幼体后在水中游动。接触到岩石或海草等物体后便逐渐形成水螅体。当水螅体生长到一个阶段后，会分裂出许多小小的水母，进化到碟状幼体，在海水中开始游动，慢慢变成成年的水母。

开始游动的碟状幼体

水母的伞部如果有空气气泡进入，会引发炎症，并导致伞部破裂。

海星

瘤海星 ■显带目瘤海星科 ■分布·奄美诸岛以南

瘤海星

海星是在潮间带等地经常可以看到的生物。通常有5只腕。腕断了之后还会重新长出来。

尽量使用大型的水槽进行饲养。最好是45cm以上的。

水槽

加热器

水温要保持恒定。根据种类不同，所适合的温度也不同。最适合南部海域海星的温度在20℃~25℃。

空气泵

根据水槽的大小选择合适的空气泵。

照明灯

最好使用海水鱼专用的照明灯。很小的照明灯就可以了。

食物

可以喂给冷冻虾和晒干的虾、切开的鱼块。用小镊子夹着，放到海星的嘴巴附近。

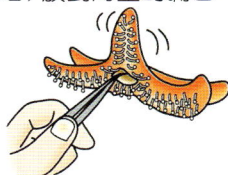

观察 海星翻身的样子

①将海星完全翻转过来。

②海星会用2~3只脚将身体团成圆形。

③海星将团成一团的身体翻过来。

④2~3分钟后海星就可以恢复到原来的样子。

● 海星的同类 ●

■腕的长度 ■分布 ◆主要特征

红海星
■6~7cm ■本州中部以南
◆很小的红海星可以在潮间带等地方捕捉到。

尖棘筛海盘车
■5~6cm ■本州中部~奄美诸岛等地
◆潮间带等岩石的下面也可以看到尖棘筛海盘车。它是一种腕易折的海星。

滤沙海星
■5~6cm ■北海道南部~九州
◆滤沙海星在海潮退后露出的海滩可以看到。食用小贝壳和鱼肉等。

面包海星
■直径20cm ■冲绳以南 ◆面包海星全体呈圆球形。

海星的胃能翻至位于身体下部的嘴部，将食物包裹住边消化边进食。

121

海胆

短刺海胆

短刺海胆 ■海胆目刻肋海胆科 ■壳径3cm ■分布·房总半岛以南

海胆是一种白天潜入潮间带等地方岩石缝隙里的生物，直到夜晚才出来进食。捕捉时尽量不要弄伤海胆，可以和家里人从傍晚开始寻找它的踪迹。

虽然没有必要使用很大的水槽，但是饲养时需要较多的海水，所以用45cm以上的水槽比较合适。

水槽

海水
使用正确比例配成的人工海水。每月更换水槽三分之一到二分之一的海水一次。

过滤器
可以使用底部过滤器和上部过滤器。

空气泵
根据水槽的大小选择合适的空气泵。

躲藏的地方
海胆白天隐藏在岩石的缝隙里面。水槽里面放入岩石让它能躲起来。

沙子
使用宠物商店出售的珊瑚沙吧。

食物
喂食时将裙带菜和晒干的虾、海苔等放在位于海胆身体下部的嘴部附近的位置。

晒干的虾

裙带菜

海苔

●海胆的同类●

■壳的直径 ■分布 ◆主要特征

紫海胆
■7cm ■本州中部~九州
◆紫海胆是在潮间带可以常常看到的海胆。

红海胆
■6cm ■东京湾~九州南部
◆它的外表看起来是平的，也被称为"平海胆"。

喇叭毒棘海胆
■10cm ■房总半岛、相模湾以南
◆喇叭毒棘海胆身上常常附着着小石头、贝壳、海草等物体。

观察 海胆的足部
海胆附着在玻璃上时，可以观察它的足部（管足）。

足部吸附在玻璃上

海胆如果生病了，刺就会慢慢脱落，严重的会死亡腐烂。这时要及时取出并更换海水。

海葵

海葵经常在潮间带可以看到，宠物商店也有很多种类出售。最好和鱼一起饲养。

捕捉小鱼的等指海葵

食物

为了不使水质污浊，将食物切成5mm左右大小进行喂食。

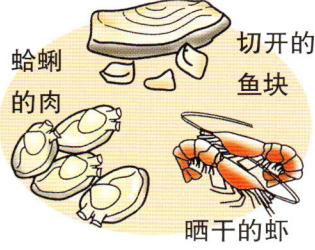

蛤蜊的肉

切开的鱼块

晒干的虾

海水

每月进行一次海水的更换。每次更换三分之一的量就可以了。

过滤器

海葵和鱼一起饲养的情况下，使用上部过滤器等大型的装置。

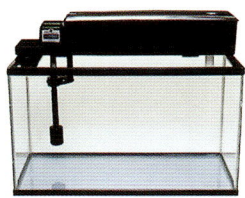

加热器

为了保持水温的恒定，可以使用加热器。

鱼

海葵可以和小丑鱼一起饲养。其他的小鱼则可能会被它吃掉。

水温计

要经常检测水温，注意不要下降到15℃以下。

●小丑鱼和海葵

小丑鱼可以抵御海葵的毒性，并利用海葵远离其他鱼类的侵袭。

珊瑚

珊瑚和海葵一样，可以和鱼一起饲养。如果放入太多鱼，海水的污浊可能对珊瑚产生不好的影响。

万花筒珊瑚

过滤器

使用外部过滤器和上部过滤器等大型装置进行饲养。

海水

海水不是一次全部换掉，而是每2周一次，每次换三分之一。

食物

主要食用卤虫等浮游生物。使用滴管，将食物滴在珊瑚的上方。

沙子

装饰水槽时，可以放入小颗粒的珊瑚砂。

●使颜色变得缤纷美丽的紫外线灯

使用能发出紫外线的灯可以使珊瑚的颜色看起来更加美丽。珊瑚每天照射紫外线的时间保持在12小时左右。

●水温的管理

珊瑚在15℃以下的水温会死亡。特别是在冬天，所以要使用加热器使水温保持在20℃～25℃。

生病的海葵会附在岩石上，并变得很弱。原因可能在于水温过高或过低，水质污浊，以及水流变强或变弱等。

寄居蟹

绿色细螯寄居蟹　■十足目活额寄居蟹科　■甲长1.5cm
■分布·东京湾以南，冲绳

细螯长腕寄居蟹　■十足目活额寄居蟹科　■甲长1cm
■分布·日本北海道~九州、中国台湾

在海边的潮间带经常可以看到绿色细螯寄居蟹和细螯长腕寄居蟹。它们是很容易捕捉到的、饲养也很简单的生物。宠物商店也有出售。

绿色细螯寄居蟹

水槽
饲养时可以使用水槽和塑料箱。如果只是饲养寄居蟹，小型的饲养箱就可以了。

气泡石
饲养时只需要少量的海水，所以可以不用过滤器。需要增加水里含氧量时可以使用气泡石。

各种形状的气泡石

石头
可以使用海边捡回来的，或是宠物商店出售的石头。

沙子
可以使用金鱼用的砂石和珊瑚砂。

空气泵
用小型的空气泵就可以满足饲养要求了。尽量选择能调节空气输送量的，尽量减少输送量。

食物
寄居蟹什么都吃。可以喂给蛤蜊的肉和晒干的虾、裙带菜等。寄居蟹还食用市面上出售的螃蟹的饲料和金鱼的饲料。

蛤蜊的肉

晒干的虾

裙带菜

实验　寄居蟹的翻身实验

①将细螯长腕寄居蟹翻过来。寄居蟹会一直待在壳里面。

②寄居蟹经过对周边环境进行一段时间的观察后，慢慢从壳里面出来。

③它一下子将身体舒展开来，并将足部放在地面。爪子的前端接触到地面后，身体就腾空了。

④身体一下子腾空了。因为寄居蟹的壳是圆形的，所以翻转着爬起来。

寄居蟹和螃蟹一起饲养的话，即使寄居蟹有壳，也会被螃蟹从里面拖出来吃掉。

● 准备好寄居蟹移居用的壳

寄居蟹的身体长大之后，之前使用的壳变小，因而需要寻找和身体适合的壳。在饲养箱里面放入各种大小的、移居用的壳吧。

海水

海水的原料

比重计

使用宠物商店出售的人工海水的原料会比较方便。饲养寄居蟹需要的海水比较少，可以拜托家里人计算出水和海水原料的配比比例，用海水比重计配制海水。

比重计是用来计算是否配制出合格海水的器具。将比重计浮在制造好的海水上，停在红色的刻度时就说明已经配制合格了

● 寄居蟹的采集

在潮水退去之后的潮间带附近寻找吧

仔细观察潮间带会发现有很小的贝类在动。如果听到声音，它们会马上躲到壳里一动不动，因而接近和捕捉时要安静。

捕捉寄居蟹时使用网并在稍远的地方捕捞

观察　寄居蟹的移居

①弄清楚壳的大小。

②慢慢将身体从壳里面移动出来。

③迅速转移到新的壳里面。

④移居完毕。

附在海葵上的寄居蟹，在移居时，会将海葵剥离一起移居。

柄真寄居蟹

①从眼前附着着海葵的壳中移居到新的壳里面。

②进入新壳之后，将附在旧壳上的海葵剥离。

③将海葵附在新壳上面后移居完毕。

✎ 生活在水深20～30m处的寄居蟹，为了防止条石鲷和武鲷的侵袭，将海葵附在壳上。

螃蟹

肉球近方蟹 ■十足目方蟹科 ■甲宽2.5cm ■分布·北海道~九州

生活在海里的螃蟹在宠物商店虽然有出售，但是在潮间带等地方可以很容易地捕捉到。它的身体很强壮，只要有海水就可以长期饲养。

石蟹

盖子
螃蟹会逃走，因此一定要盖好盖子。

水槽
饲养时可以使用水槽和塑料箱。要注意的是如果使用较矮的容器饲养螃蟹会逃走。

过滤器
海水的量比较少时可以使用铺设在砂石底部、能除去杂质的底部过滤器。

石头
放入在海边捡到的，或者是在宠物商店出售的石头吧。可以作为螃蟹的隐匿之处。

空气泵
海水的量比较少，可以使用能调节空气输送量的泵，输送时气流要较弱。

水
可以用从海里取得的海水或人工海水进行饲养，海水的量占水槽三分之一的程度。

沙子
使用宠物商店出售的珊瑚砂吧。

食物
螃蟹什么都吃。可以喂给切好的鱼块、晒干的虾等。

切好的鱼块　　晒干的虾

蛤蜊的肉　　小沙丁鱼干

！注意

●和螃蟹放在一起饲养的小鱼、寄居蟹和虾几乎都会被它吃掉。所以饲养时不要放入其他的生物。
●喂食过量会导致海水水质污浊，因此要特别注意，海水变成浑浊的白色后要进行更换。

▲观察　**螃蟹的身体**

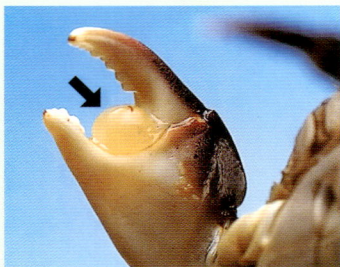

蟹螯中间的袋状物是感知食物味道的器官。

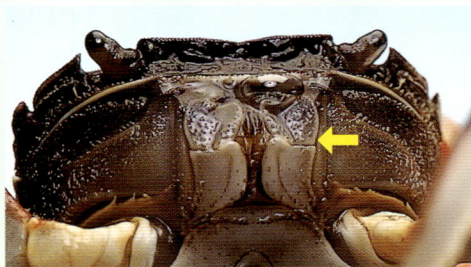

大下巴　嘴巴附近的大下巴可以将食物牢牢压制在其中，使食物不能动弹

眼睛　它的眼睛可以分别向左右方向转动，还可以隐藏在蟹壳里面

　在海边寻找螃蟹时，比起白天，在傍晚更容易找到。

虾

清洁虾　■十足目藻虾科　■体长5cm　■分布・房总半岛以南

宠物商店里面有很多颜色鲜艳的虾出售。饲养时需要保持水温的恒定、使用过滤器等装置。

照明灯
可以使用海水鱼专用的照明灯。

水槽
根据饲养虾的数量，饲养箱的大小也要相应调整。饲养4～5只虾时使用60cm的水槽比较合适。

加热器
使用加热器让水温一直保持在26℃左右。

空气泵
使用大型水槽时，要准备好马力强大的空气泵。

水温计
水温需要保持恒定，为了随时都能检测水温，一定要准备好水温计。

过滤器
使用铺设了沙子作为滤芯的底部过滤器或者是上部过滤器。

沙子
可以使用宠物商店出售的珊瑚砂。

食物
在和鱼一起饲养的情况下，会将鱼吃剩的食物残渣清理干净。

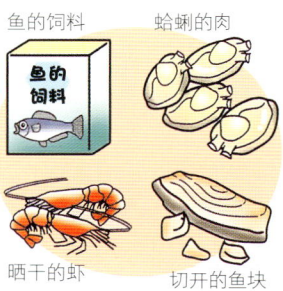

鱼的饲料　　蛤蜊的肉
鱼的饲料
晒干的虾　　切开的鱼块

火焰虾

⚠ 注意
● 如果食物太大，虾们会互相争抢打架。因而尽量将食物切成小块，分给每一只虾。

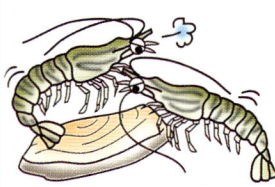

观察　龙虾的饲养方法

这是龙虾被称为叶状幼体的时期。

龙虾的幼年时期长达250天。这在虾里面属于较长的。这时的龙虾已经慢慢接近成年的体型。

成年之后，龙虾白天隐藏在岩石洞穴里面，到了晚上就出来寻觅腹足纲贝类动物、虾、螃蟹、海胆、海草等食物。

✏ 在宠物商店也有出售会对鱼类的体表进行清洁的猬虾。

贝类

海螺 ■软体动物腹足目骨螺科 ■分布·北海道南部~九州

咸水贝类除了在宠物商店有售之外，还可以在鱼店、超市等地方买到。

海螺

水槽

根据饲养的数量更换合适的水槽。一般情况下，45~60cm的水槽就足够了。

过滤器

饲养时可以使用底部过滤器或上部过滤器。

空气泵

要选择适合水槽大小的空气泵。45~60cm大小的水槽选择一般的空气泵就可以了。

沙子

可以使用宠物商店出售的珊瑚砂。

海藻

可以放入宠物商店出售的海藻，它还可以作为海螺的食物。

水温计

水温不能太高。最好保持在15℃~20℃，并适时用水温计进行检测。

食物

海苔

裙带菜

海螺等贝类在自然界主要食用海藻。饲养时可以喂给没有味道的海苔和裙带菜。

⚠ **注意**

● 海螺等贝类在失去活力或是已经死了时会一动不动。如果放任不管会造成水槽内水质污染，所以要每天进行观察，将不动的贝类拿出来。

✎ 海螺到了夜晚会积极地活动起来。喂食的时间可以选择从傍晚到夜里。

● 海螺的脚

海螺等大部分腹足类的同类都是用两只分开的足交替着向前伸出从而达到前进的目的的。贝类也有足部。

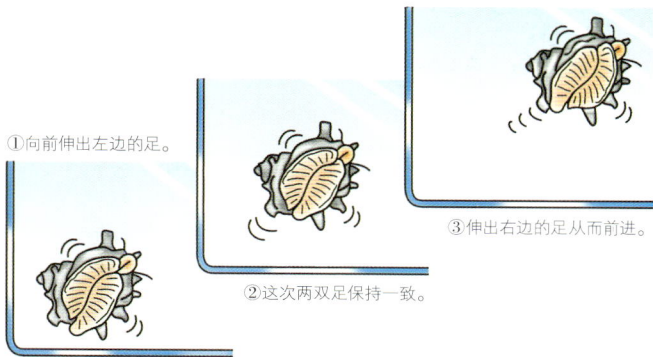

① 向前伸出左边的足。

② 这次两双足保持一致。

③ 伸出右边的足从而前进。

● 海螺的角

无角的海螺在居住环境改变之后会长出角。这是为了适应海浪的强度而产生的变化。

海浪很强的地方

生活在海浪很强的海域的海螺为了不被海流冲走，将角挂在周围的岩石上。

海浪平缓的地方

生活在海浪平缓海域的海螺则很少会被海流冲走，因而不需要角。

观察　贝类的身体

海螺

海螺有眼睛，还有用于感知环境的触角。

黑色的点是眼睛

触角

蛤蜊

蛤蜊排除多余海水用的出水管

双壳类的贝类为了吸取海水中溶解的氧气，会使用身体的出水管和入水管。

吸取海水用的入水管

●蛤蜊潜入沙子的方法

①蛤蜊从贝壳里面伸出足，并开始挖掘沙子。

②蛤蜊将足伸入沙子，慢慢将贝壳潜入沙子里面。

③在贝壳完全潜入沙子之前，蛤蜊用足重复挖掘的动作。

④蛤蜊将出入水管朝上，继续潜入沙子里面。

海螺壳的颜色会根据进食的食物改变。只食用褐色的褐藻类时，贝壳会带有少许的黄色。

● 贝类的同类 ●

■分布　◆主要特征

据推测，贝类的同类在地球上有10~12万种。其中有6000种生活在日本以及周边的海域。生活的地方、生活的方式、捕食的方式也各不相同。

肋虫昌螺
■纪伊半岛以南
◆这种螺全体呈圆镜形，壳的表面光滑且有光泽。

◀ 星螺
■日本房总半岛以南，西太平洋　◆星螺是生活在50~300m深海底的一种腹足纲贝类动物。有8~9个角，在生长的过程中会自己将多余的角切断。

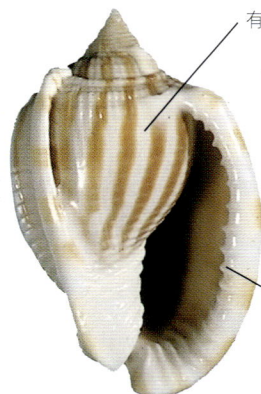

有竖条纹

条纹鬓螺
■日本房总半岛以南、印度、西太平洋　◆条纹鬓螺生活在10~50m深的砂泥质海底。壳又厚又硬，有光泽。

有小颗粒

角的长度大约是壳的一半

有突起

◀ 翼法螺
■日本房总半岛以南、印度尼西亚海域　◆它生活在50~200m深的海底，壳为背腹压扁状，两侧有翼状的壳延伸出来是它的特征。

没有花纹

有冠状的突起

有鳞状的棱纹

两侧有翼状的壳延伸出来

长长的角排列得很整齐

日本塔肩棘螺
■房总半岛~九州　◆生活在水下30~150m岩区的日本塔肩棘螺是像陶瓷一样纯白色的腹足纲贝类。顶部有向上伸展着的三角形的角。

➡斑马峨螺
■纪伊半岛以南　◆这种螺生活在岩石区和珊瑚礁、岩石的缝隙和混杂着小石头的地方。黄色和黑色的条纹是它的特征。壳又粗又短，并且非常硬。

黄色和黑色的条纹

维那斯骨螺
■日本房总半岛以南、印度、西太平洋　◆维那斯骨螺生活在水下10~50m的砂泥质海底。全身排列着很多像梳齿一样的刺。这些刺看起来像骨头一样，所以得名骨螺。

有红色的四方形花纹图案

壳很薄，容易破碎

笔螺
■房总半岛~九州　◆笔螺生活在水下20~100m的砂泥质海底，是贝壳厚实并且有一定重量的腹足纲贝类。

红砖芋螺
■日本房总半岛以南、印度、西太平洋　◆红砖芋螺又叫方斑芋螺。它生活在水下20m的岩石以及砂泥质海底。贝壳底色为白色，并有类似堆叠的砖块的花纹。

琉璃紫螺
■全世界温暖海域　◆琉璃紫螺是漂浮在海面生活的腹足贝类，用自己吐出的黏液制作并收集气泡，然后悬挂着在波浪间漂浮。

密纹泡螺
■房总半岛以南　◆密纹泡螺生活在潮间带里。在生长着海藻的岩石缝隙里滑动。

贝类被归为软体动物类，是身体覆盖有贝壳的动物的总称。

大型动物

我们可以观察那些不能在家饲养、居住在动物园和水族馆里的大型动物。本章介绍狮子、大象、海豚和鹰等动物在动物园、水族馆的样子以及观察的要点等。

非洲象

狮子

■食肉目猫科 ■体长140~250cm ■体重120~250kg
■分布・非洲（除去沿着赤道热带雨林的撒哈拉南部以南）、印度北西部

在动物园非常有人气的狮子需要又大又坚固的笼子和宽阔的运动场地。野生的狮子生活在草原上，袭击并食用角马和高角羚等草食动物。在空间有限的动物园，能看到自然环境下的野生狮子，可以观察到狮子的活动形态和动作。

食物

每2天喂食一次。傍晚动物园闭园之后是喂食的时间。另外，每天喂给当作零食的肉和牛骨等。

喂给每一头狮子的肉都经过称重再放入桶里面

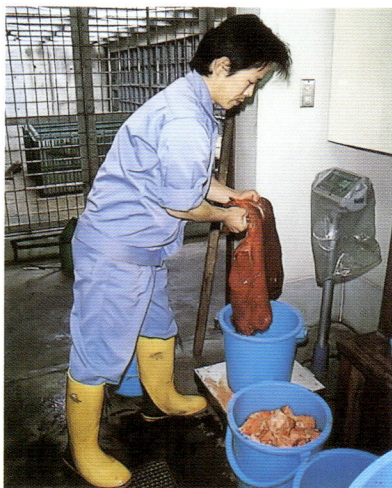

喂食的当日，狮子在运动场活动时，饲养员就在笼子里面进行喂食准备

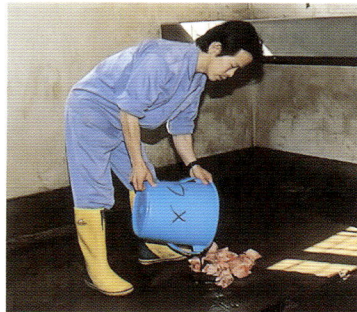

饲养员把作为零食的牛骨放置在运动场的高台上。人们可以从车子里面近距离观察到狮子啃咬牛骨的样子

在食物方面，雌性和雄性，甚至连幼狮和成年狮子的喂食量也不一样。成年的雄狮子每头每次喂给马肉8kg，鸡头3kg

狮子在自己的笼子里进食。10分钟左右它就全部吃完了

🖉 狮子、树袋熊、大象、马、山羊、猫头鹰等动物的数据来源于东京都多摩动物园。

饲养

狮子是猛兽，所以饲养时要细心谨慎。饲养时要配齐铁做的牢固笼子、大门、两重的锁等使狮子不能逃出来的设备。另外，通过观察进食的情况和粪便的样子掌握狮子的健康情况。每月还需要为狮子检测一次体重。

这是排成一排的狮笼。每个笼子里面有1~2头狮子。狮子去运动场时会经过走道的下方。

门上有两重锁。

开园前，工作人员会开着吉普车对运动场绕2~3周进行检查，看看是否有危险的东西落下，围墙是不是被弄坏了等。

检查结束后，可以让狮子进入运动场。从狭小的房间进到运动场的狮子们逐个走向自己喜欢待的地方。

狮子出去之后，要对笼子进行清洁。用竹扫帚和水将弄脏的地板清扫干净。

观察 **狮子的身体和动作**

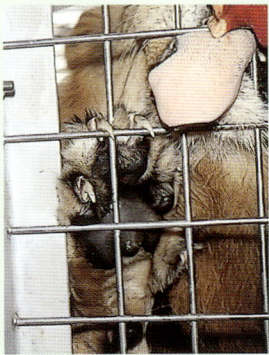

舌头

狮子的舌头表面有粗糙的刺，在修理毛发时起作用。

爪子

狮子捕捉猎物、抓取肉时会伸出又尖又大的爪子。

牙齿

狮子用又尖又锋利的犬齿袭击猎物和撕咬肉。

肉球

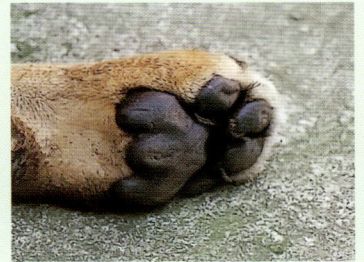

狮子脚底有肉球，起着垫子和防滑的作用。

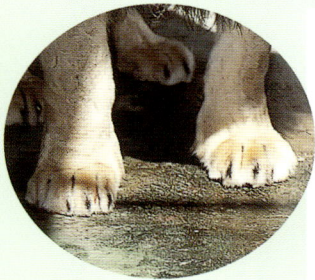

爪子平常藏在里面，从外面看不见

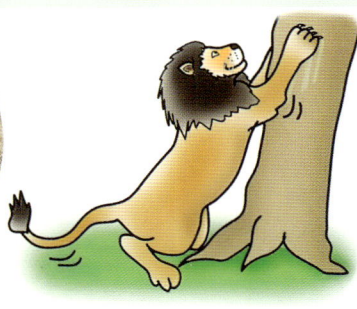

为了将老化的指甲剥除，狮子会进行磨爪

磨爪的痕迹

尾巴

狮子的尾巴可以像狗尾巴草一样摆动，还会用来哄小狮子。

捕捉猎物主要是雌狮子的任务，几头狮子一起合作进行。雄狮子为了看守地盘，会适时进行巡视。

133

树袋熊

■ 有袋目树袋熊科　■ 体长60~83cm
■ 体重8~12kg　■ 分布・澳大利亚东部

树袋熊是只食用桉树叶就能生存的动物。它和袋鼠是同类。每只树袋熊都有自己的地盘,主要在夜间活动。树袋熊白天几乎在睡觉,即使活动,其动作也很缓慢。

食物

桉树的种类有600种之多,树袋熊只食用其中的35种。多摩动物园给树袋熊喂食其中的9种。喂食的量是1天1次,每只8~9枝(4~5kg)。在伊豆的热川等气候温暖的地方种植着供树袋熊食用的桉树。

桉树叶含有难以消化的纤维和有毒的成分

树袋熊用长度相当于体长3倍的盲肠进行桉树叶的消化。有毒成分在肝脏内进行分解

每次喂食前饲养员都要对桉树叶进行称重

多摩动物园在园内的温室里面栽种了几种桉树

饲养员在水中用剪刀剪去桉树的根部。这是为了使桉树叶能保持长时间不枯萎而进行的工作

饲养员将桉树叶绑在木杆上做成筒状的喂食台

　🖊　每头野生树袋熊的活动范围是10000~25000平方米。活动范围会根据树袋熊性别、年龄以及桉树生长状况的不同而不同。

饲养

饲养的房子按树袋熊的数量被划分为很多个小空间。室内的温度根据季节来调整，控制在13℃~28℃。

26℃ ~ 28℃
夏 13℃ ~ 16℃ 冬

放置在地板上的桉树枝在树袋熊摔落时可以起缓冲作用

饲养员每天早上要清洁被粪便和尿液弄脏的地板。干燥的粪便在50粒左右，尿液则有点黏

看一下当天吃剩的桉树叶，就能推测树袋熊已经进食的量。

健康管理

根据进食的情况和粪便的样子可以掌握树袋熊平时的身体状况。此外，每月要进行2次体重测量。测量的方法是，抱着树袋熊站在体重秤上，或是举起树袋熊趴着的树干。

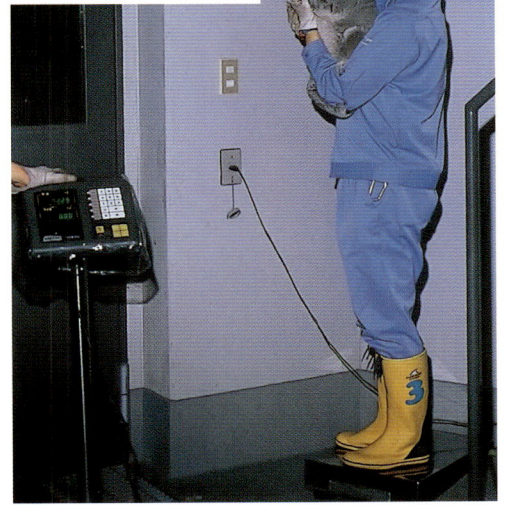

观察 树袋熊的一天

树袋熊在每天24小时里面，有19个小时是在睡觉。这是因为它们以匮乏营养的桉树叶作为食物，所以需要节省身体能量。

●树袋熊的育儿

树袋熊平均2年生育一次。放在育儿袋里面抚育的幼崽半年之后就可以出来了。

幼崽在出生后1年左右可以独立生活

将幼崽放入育儿袋里面行走的母树袋熊

幼崽的断奶食物是从母亲的肛门排出来的粪便。粪便里面含有幼崽成长所需的微生物

树袋熊所有的手指上都长有方便爬树和抓住树枝的尖锐的爪子。

象

非洲象
- 长鼻目象科 ■ 体长540~750cm，体高320~400cm
- 体重5800~7500kg
- 分布·非洲（撒哈拉以南）

象是陆地上最大的动物。大家都很熟悉的动物园里有着庞大身躯的象，饲养起来需要大量的食物。在大自然中，象会以母象和小象为中心，几头到几十头的数量聚集起来生活。公象平时单独行动，到了繁殖期就加入象群中。

食物

象为保持巨大的身形要吃很多的食物。每天喂食2次，早餐喂给菠菜和竹笋、苹果、番薯等。晚上喂给菠菜、丸子、胡萝卜、番薯等。到了夏天则要加入100kg青草。

非洲象母子

豆浆
一桶豆浆（20L）是一头象进食的分量

每头象的房子前面都有喝水的池子。象把鼻子伸出来喝水

象把温度适口的豆浆一口气喝完了

一头公象的食物 菠菜90kg、干草球7kg、干草块7kg、玉米4kg、苹果5kg、番薯5kg、胡萝卜5kg

象在自己的房间里进食早餐。白天可以喂给竹子作为零食

一整包的菠菜重30kg，饲养员需借助起重机将它从上面扔到大象的房间里

饲养 饲养员在象到运动场活动的这段时间内对每间房子进行清洁。象排出的粪和尿的量很大，清洁工作需要好几个人合作完成。

饲养员的早上，从边喂食边和每一头象进行交流开始

饲养员用小型的牵引车将弄脏的稻草运走

饲养员将每天发生的事情和象的样子、注意到的事情写在饲养日志上

饲养员在屏幕上观察运动场和房间里的情况。这是为了能尽早发现异常

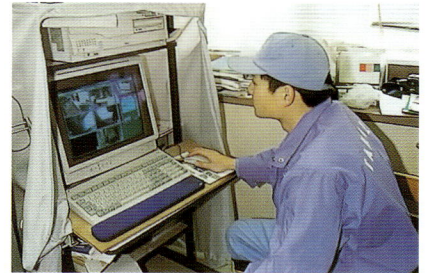

饲养员将粪便和稻草扔掉之后用水进行冲洗

饲养的房子里面装有防寒用的大型取暖器

观察 **象的身体**

鼻子

长长的象鼻子和上嘴唇紧密相合并向前伸出，里面没有骨头。象可以灵活使用鼻子喝水和取物。

耳朵 大大的耳朵像蒲扇一样起着散热的作用。

叭嗒叭嗒　叭嗒叭嗒

尾巴 象尾巴的前端长有毛，在拍打苍蝇时很方便。

嘴巴

象用于磨碎食物的臼齿很发达，并由后向前生长，磨损了的臼齿会慢慢脱落，露出里面新的臼齿。在象的一生里要重复长出5次。

足 前足有4个趾，后足有3个趾。

粪 1个的重量达1~2kg，一次排出5~8个。

象的怀孕期为22个月。刚生下的小象体重是100kg。小象在出生后2年内都会依靠母乳。

马

蒙古马母子

蒙古马
- 奇蹄目马科 ■体高120~146cm
- 体重350kg ■分布·中亚

作为家畜，蒙古马自古以来在农业劳动和运输货物等方面就起着重要作用。人类还培育出了具有优良血统的竞赛马。马需要经常跑动，所以饲养时需要有宽阔的放牧场。这里介绍的蒙古马和家畜马有着亲属关系。

食物

公马一天的进食量约为干草7.5kg、干草球和干草块500g。可以分早晚两次进行喂食。

饲养

饲养员进行放牧场的粪便清理以及房间的清洁，并且在马厩放入干草，作为马休息用的"床"。

这是晚上马睡觉的马厩。马会自己将铺在地上的干草摊开作为它的"床"

饲养员观察粪便的硬度和量、颜色等情况，就能知道马的健康状态

观察 马的身体

朝着声音发出的方向转动的马的耳朵。

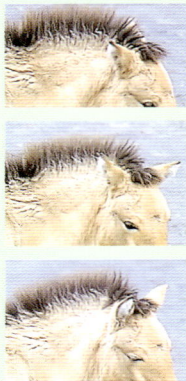

鬃毛 蒙古马的特征是鬃毛很短，并且是直立着的

尾巴 马长长的尾巴用来驱赶苍蝇等麻烦的小虫时很方便

耳朵 马对声音很敏感，听到声音后会前后转动耳朵

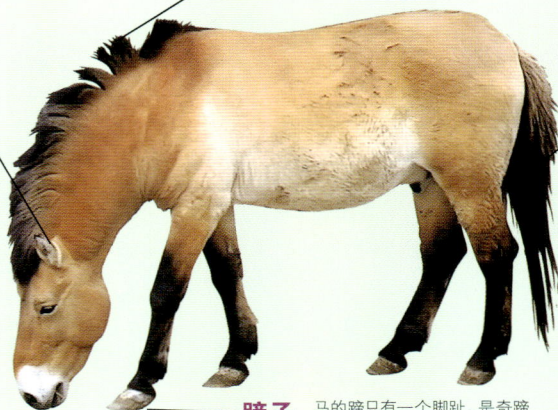

蹄子 马的蹄只有一个脚趾，是奇蹄

全世界的动物园一共饲养着400头蒙古马。野生的蒙古马已经灭绝了。

山羊

■偶蹄目牛科 ■体重30~60kg

山羊和马一样是作为家畜被饲养的动物。它主要被用来产奶和毛，有很多品种。山羊身体强壮，饲养较为简单，但需要有睡觉的小屋和稍微宽阔的运动场。

饲养　山羊成群地生活，因此饲养的地方不能太狭窄。还要考虑到日照和防晒的需要。

运动场里面的小屋在白天可以供山羊自由出入。晚上则是它们集中睡觉的地方。

山羊会随处排便，所以要用竹扫帚将四处散落的粪便清扫干净。

食物　10头公山羊和2头母山羊每天每次的喂食量是干草球2kg。另外，将5kg干草分2次进行喂食。

干草和干草球

山羊摄取盐分的矿盐（盐的固体）

干草和干草球不含水分，所以要给山羊提供充足的水。

观察　山羊的身体

眼睛

和肉食动物不同，山羊的眼睛是横着的。瞳孔的形状不是圆形的。

角

山羊的角是用来打架，以及防御敌人的。

蹄

山羊的蹄有两个趾。

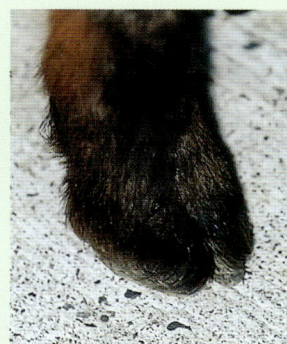

海豚

宽吻海豚

■鲸目海豚科 ■全长3m ■体重400kg ■分布·热带~温带的海域

海豚在海中进食、睡眠和育儿。饲养海豚需要有一定深度和宽度的水池,各地的动物园和水族馆有饲养。海豚的智商很高,可以学会很多的技能并进行表演。

食物

每天分4次喂给海豚12～13kg的鱼。过量喂食会造成肠胃不适。最好是选用小型的、海豚可以一口就吞下的鱼。

学会了新的技能后得到奖励的伪虎鲸

远东多线鱼　海豚的食物

青花鱼

多春鱼

竹荚鱼　玉筋鱼

乌贼

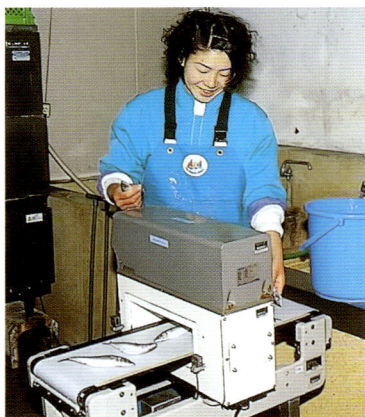

饲养员各自分工进行食物的准备,将每头海豚的食物分别放进桶里

饲养员用金属探测器检查鱼里面是否有鱼钩等异物

●训练的样子

海豚的好奇心很强,头脑很聪明,能记得住各种技能。将海豚平常玩耍的动作结合训练员的手势等信号进行训练。将动作细化,一步一步进行是非常重要的。

训练员的口哨是ok的信号

训练员的手举起来,海豚看到之后就会明白是发出了跳跃的指示

海豚按照指示跳跃。做得好奖励就更多

作为奖励海豚可以得到食物。一旦再次发出信号,海豚会再次跳跃

海豚、海象、海狮、企鹅的数据来自南知多海滨乐园。

日常饲养中经常对海豚进行观察是非常重要的。尤其是它们的进食情况和游泳的样子。在海豚身体不适时要进行血液检查和身体检查。另外，每月要进行一次体重检测，将海豚放在很大的体重计上进行测定。

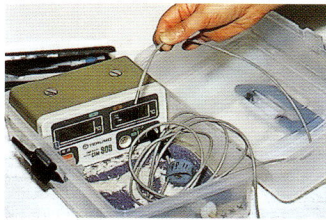

特殊的体温计 细细的管子前端有检测体温的感应器

海豚的粪便 身体不适时海豚会排出难以在水中溶解的粪便

体温测定 让海豚向上仰着漂浮，将体温计的感应器放进肛门里检测

饲养员将每头海豚每天的样子和注意到的情况分别写在白板上

身体检查 为了把握生长的情况，需要对海豚身体的各个部分进行测量

血液检查 饲养员在尾鳍部进行抽血

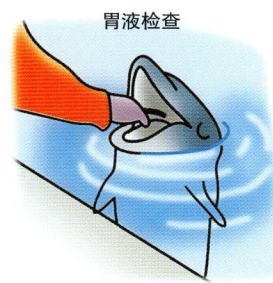

胃液检查 饲养员将管子伸入海豚胃里面抽取胃液

接触

喜欢和人类相处的海豚是动物园和水族馆的人气明星。它喜欢玩耍，好奇心也很旺盛。但是海豚也有自己独特的个性，每头海豚的性格都不一样。想要和海豚友好相处，充分考虑到它的感受是很重要的。

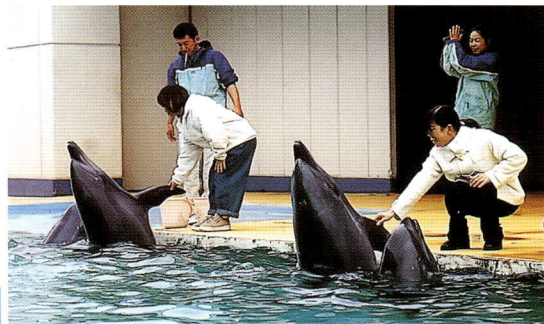

海豚很喜欢玩球

观察 如果有和海豚接触的机会，可以对它进行观察。

● **海豚希望得到抚摸的地方**
用手掌温柔地抚摸它吧。

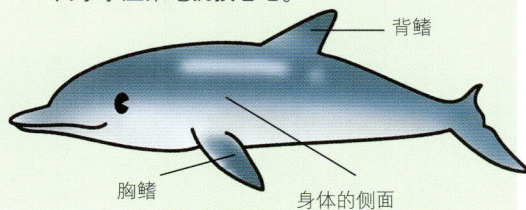

背鳍

胸鳍

身体的侧面

● **海豚不想被抚摸的地方**
不要进行强行抚摸等让海豚讨厌的行为。

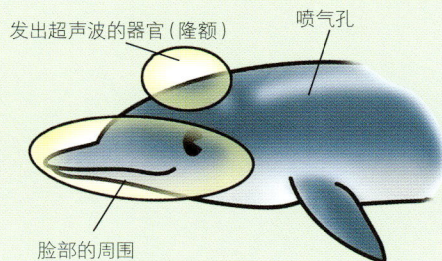

发出超声波的器官（隆额）

喷气孔

脸部的周围

位于海豚前额的隆额是发出超声波的器官，在寻找食物，以及和同伴交流时起作用。

141

海象

■鳍脚目海象科 ■全长400cm（雄性）■体重1600kg（雄性）
■分布·北美洲（加拿大、阿拉斯加西部、格陵兰岛）、欧亚大陆北部

海象是海狮的同类里面体型较大的动物。它们主要生活在海里面，所以饲养时需要较大的海水池。并且，海象在休息和生产时会爬到陆地上，所以宽阔的岩石区是必不可少的。自然环境下的海象以贝类等为食物，成群地生活在一起。

食物

每天每次可以喂给雄性海象25kg的玉筋鱼。雌性则分3次喂给14kg的玉筋鱼。

玉筋鱼

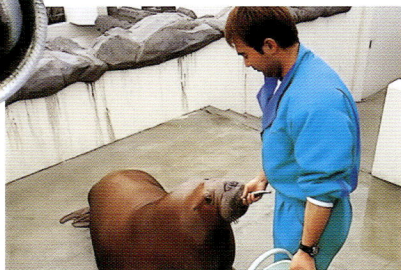

海象在吸食玉筋鱼

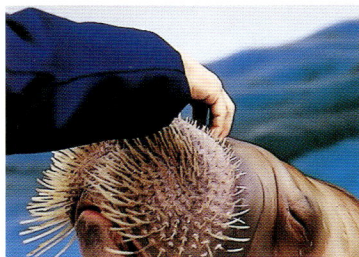

接触

令人意外的是海象是很温顺的动物。

抚摸 抚摸海象的鼻子时它会表现出很舒服的样子。海象的皮肤很光滑并且湿润

吃冰 用冰来代替零食会让海象很高兴，同时可以增加水分的摄取

观察 海象的牙

牙

海象上颌的犬齿长得很长，在打架时可以作为武器，并且还可以用来支撑头部和辅助它在海里移动

胡须

海象使用胡须在海底寻找食物

海狮

■鳍足目海狮科 ■全长300cm（雄性）
■体重556kg（雄性）■分布·北海道沿岸、北太平洋

海狮和海象一样生活在海岸和海上。它们实行一夫多妻制，在繁殖期间拥有多个配偶。

食物

每天可以分3次喂给雄性海狮青花鱼、远东多线鱼、竹荚鱼、乌贼共20kg。雌性则喂给一半的量。

海狮有耳郭，而海象只有耳洞。

企鹅

汉波德企鹅 ■企鹅目企鹅科 ■全长66~72cm
■分布•秘鲁、智利的海岸和附近的群岛

汉波德企鹅

企鹅因其可爱的身姿和动作而成为动物园里的人气明星。它们是群居动物，需要有带水池的宽阔的活动空间。并且，也需要准备好育儿用的小屋。

饲养

在宽阔的饲养场里面，除了水池还需要有躲藏休息的地方、繁殖用的小屋等。企鹅没有在粪便上生活的习惯，因而需要经常进行清理。

食物

每天白天和傍晚分2次将10条20~23cm大小的竹荚鱼喂给它们。

竹荚鱼

饲养员一边冲水一边用甲板刷进行清洁

企鹅在育儿小屋里面产卵

观察 **孵卵的样子**

尽管企鹅通常在2月末~3月的时间里产卵，但是它一年内都可以进行繁殖。每次的产卵数量是2个，亲鸟在小屋里面的小树枝上孵卵。

●水里的样子

企鹅流线型的身体非常适合游泳。它们拥有像桨一样的翅膀，可以在水中像飞翔一样游动。而在陆地上，企鹅走路摇摇晃晃，不能快速地跑。

汉波德企鹅和麦哲伦企鹅长得很像，汉波德企鹅的胸口有一条黑色的纹路可以用于区分它们。

鹰、长尾林鸮

金 雕	■隼形目鹰科	■全长75~90cm，翅展170~213cm
	■分布·日本全国、北美洲中部、新西兰、非洲北部	
短尾雕	■隼形目鹰科	■全长60cm，翅展187cm
	■分布·撒哈拉以南的非洲	
雪 鸮	■鸮形目鸱鸮科	■全长53~66cm
	■分布·日本北海道、新西兰北部、北美洲北部、格陵兰岛	
长尾林鸮	■鸮形目鸱鸮科	■全长58cm
	■分布·日本九州以北、新西兰北部	

　　鹰和长尾林鸮的同类是食用哺乳类和爬虫类、鱼等动物的肉食性鸟，被称为猛禽类。它们有着尖锐的喙，形状是短短的钩状。饲养时需要能自由来回飞翔的广阔空间。

食物

　　鹰和长尾林鸮食用相同的食物。

　　每天喂食一次马肉和鸡头。在繁殖等期间喂给整只的有营养的老鼠和小白鼠。

马肉和鸡头

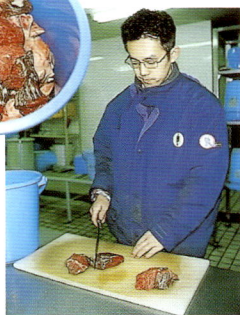
喂食前要将食物切成方便进食的小块

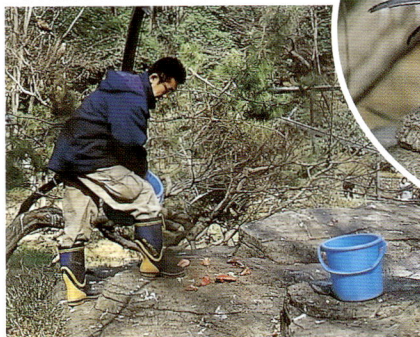
在接近中午到下午2点左右的时候，饲养员把食物放置在喂食场所

叼着小白鼠的短尾雕

饲养

　　饲养场被称为"飞笼"，高22m，面积为1127㎡。里面有直立的树木和岩石以及空旷的地方，接近鸟类生存的自然环境。

饲养员要检查它们进食的情况和样子等。

每年进行一次树枝和树叶的修剪工作

用尖锐的脚爪抓住小白鼠的雪鸮

观察

●长尾林鸮的身体

耳朵

　　长尾林鸮有大大的耳朵，并且左右两边耳朵的位置不一样。能听见很小的声音

头部

　　它的头部可以分别向左右回转270°

爪子

　　长尾林鸮的脚趾抓住树枝时，前两只脚趾和后两只脚趾是分开的

●鹰的巢

鹰在很高的树上用稻草和小树枝筑巢。

　　🖊 鹰的同类主要在夜间活动。长尾林鸮是夜行性动物，在黑暗中也可以进行捕食。

饲养·观察信息馆

观察日记的记录方法

把难能可贵的饲养经历用观察日记的方式记录和保存下来吧。但如果不深入仔细观察饲养的动物，就想不到要写什么内容。观察日记的记录需要对动物进行细致的研究，才能有前所未有的发现。并且留存下来的记录还可以为以后的饲养作参考。

■昆虫的观察日记

除了蝉和一部分的天牛之外，如果在春天进行幼虫的采集，大部分的昆虫会在夏天之前羽化。从这个意义上来说，昆虫很适合作为观察的对象。不论是多么简单的内容都可以，要每天坚持记录。

●观察日记的要点

1.要坚持下去　坚持记录是非常重要的。半途而废，记录就失去了意义。

2.将采集的过程也记录下来　何年何月何日的何时，在何地进行了采集要进行记录。当时的天气和气温也要写进去。如果是在宠物商店买的，还要写上购买日期。

3.饲养开始时的大小要记录下来　最开始的饲养状态到后面会变得重要。尽量将大小和重量等情况具体地记录下来。

4.对食物的量和温度进行记录　记录下进食的食物名称和进食的量，以及进食的时间和样子。

5.简明易懂地进行记录　全部是文字的记录方法读起来会很枯燥。　可以附上素描或是照片，进行生动易懂的记录。

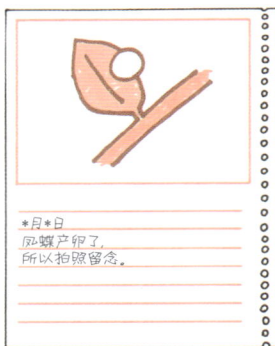

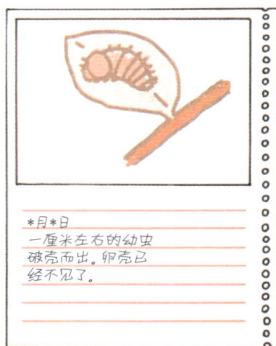

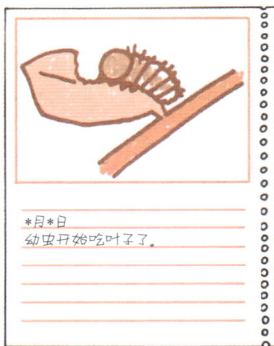

*月*日
凤蝶产卵了，
所以拍照留念。

*月*日
一厘米左右的幼虫
破壳而出，卵壳已
经不见了。

*月*日
幼虫开始吃叶子了。

不妨用照相机将饲养生物成长的样子拍成照片粘在观察日记上。最好附上日期以及对饲养生物样子的文字描述。

昆虫的特征是，身体的头、胸、腹等各个部分是分开的，有6只脚。要抓住它的特征用素描进行表示。

！注意

●观察日记尽量记录饲养生物平常的样子。另外注意，观察时不要发出很大的声音，或是突然把脸贴得很近使生物受到惊吓。

●如果有显微镜

如果家里有显微镜，可以用来观察蝴蝶的鳞粉和龙虱的脚等，一定会有新的发现。

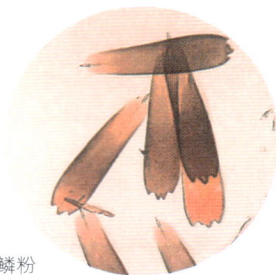

菜粉蝶的鳞粉

龙虱的后脚

用摄像机记录时，要在画面上设置好年月日，或是录制时用旁白加入。注意闪光灯不要对准饲养的生物。

■ 宠物的观察日记

记录宠物日记后会发现,和最开始相比,现在已经掌握了很多关于宠物的知识。下面以仓鼠为例进行说明。

● 观察宠物时的要点

1.和宠物保持一定的距离 因为宠物很可爱,所以把它当成了自己的家人。但是这样反而不能真正地了解宠物的行为。可以和它保持一定的距离后再进行观察。

2.进行简单的实验 通过放置很多的食物从而观察它的喜好是最简单的实验。仓鼠可以进行颊囊实验,看看它能在颊囊里放入多少粒葵花子。

5月10日
仓鼠一次把多达70粒的
葵花子放进颊囊。

观察一下仓鼠的起床和睡觉时间,再将仓鼠的具体行动用小本子记下来,最好加上简明易懂的素描

● 为它留下成长的记录吧

仓鼠是成长得很快的一种宠物。仓鼠宝宝出生后,为它留下成长的记录吧。一共有几只仓鼠宝宝出生,什么时候长毛,什么时候睁开眼睛等方面都记录下来吧。

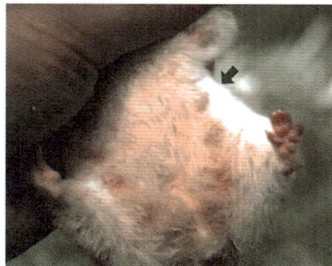
生产前仓鼠妈妈的乳头清晰可辨

仓鼠在交尾之后的17~18天生产

⚠ 注意

● 在为仓鼠宝宝测量体重时,仓鼠妈妈是否和主人很亲近是很重要的。如果在和主人根本不亲近的情况下触摸了仓鼠宝宝,使它沾染到了主人的气味,那么仓鼠妈妈会放弃育儿,甚至会吃掉仓鼠宝宝。如果仓鼠和主人很亲近了,在日常喂食中记住了主人的气味,那就可以放心接触。在和主人不亲近的情况下,用筷子或者是小镊子轻轻地将仓鼠宝宝夹起来,进行体重测量。

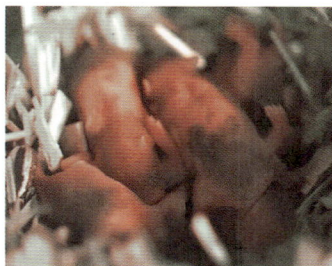

细致观察仓鼠宝宝出生后,例如经过多少天长出了毛,睁开眼睛等很多变化

表示生物大小的方法

使用按种类来划分大小的表示方法。在饲养箱里标上刻度后,一眼就可以知道宠物身体的大小,使记录变得简便。

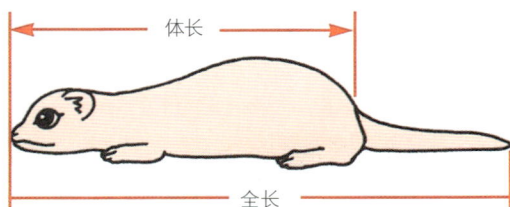
体长
全长
哺乳动物

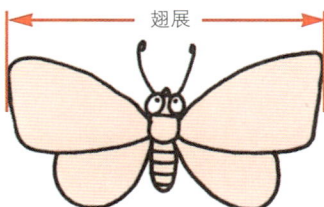
翅展
蝴蝶、蛾

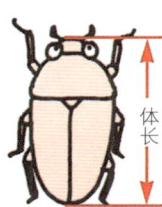
体长
甲虫

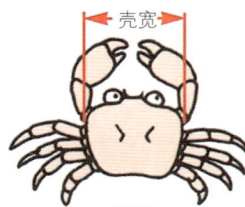
壳宽
螃蟹

全长
蜥蜴、蝾螈、鳄鱼等

全长
鱼

背甲长
乌龟

壳长
壳宽
贝类

✎ 鸟和蛇等动物从头到尾的末端可以用"全长"来记述。哺乳动物狗和马等用"肩高"(脚的前端到肩部的高度)来表示。

标本的制作方法

饲养的昆虫和小动物死亡之后，可以将它们制成标本作为纪念。

■ 昆虫的标本

昆虫的寿命很短，饲养之后一定会死亡，所以是适合做成标本的生物。可以将它们制成标本，作为饲养的最后记录。

● 蝴蝶、蛾等的标本

在它们身体还很柔软时在胸部的中央插入昆虫针，展开翅膀。为了防止腹部下垂，要在展翅板下面放入棉花等进行支撑。然后放入干燥的容器里面放置20天左右。

①小心地抓住蝴蝶的腹部，用昆虫针垂直刺入胸部的中央。

②紧握住刺入的针，再垂直刺入铺好石蜡纸的展翅板的中央。

③用小钳子小心地整理好翅膀的形状。

④盖上石蜡纸，用珍珠大头针将翅膀的位置固定好。

⑤为了防止腹部下垂，要在展翅板上放入棉花，调整好位置。

⑥经过20天左右的干燥之后，贴上标签进行保存。

● 独角仙、锹形虫等的标本

用粗的昆虫针垂直刺入右边翅膀的根部，调整脚的位置（称为"展足"）。结束之后放入干燥的容器，并同时放入防虫剂。

①用粗的昆虫针垂直刺入右边翅膀的根部。

②将针牢牢刺入展足板进行固定。

③用小钳子调整好脚的位置。要小心慎重，以防将脚弄掉下来。

④在调整好的脚的两侧刺入昆虫针，使脚不能移动。

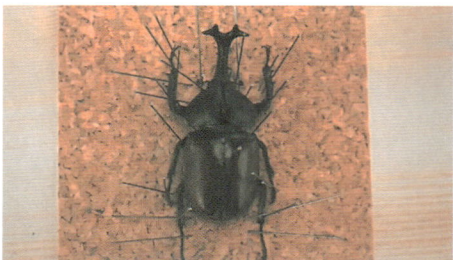
⑤脚固定之后在周围放上防虫剂，放置2~3周。

⑥贴上标签，放入干燥的容器进行保存。

148 ✎ 标签上写上采集地点、采集年月日、采集者姓名（标本制作者姓名）、种类名、性别等信息。

● 蜻蜓等的标本

蜻蜓的腹部容易脱落，可以直接放入三角纸包里面再贴上标签进行保存。展开翅膀时，用削细后的牙签或者草茎从胸部一直插到腹部。

用细细的草茎从胸部往腹部插入。

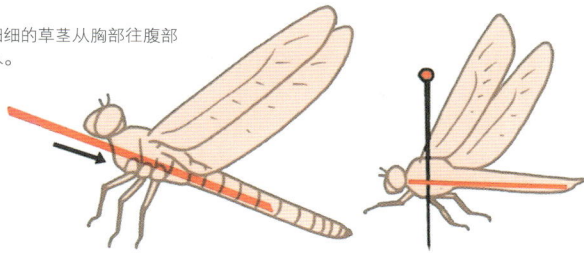

使用削细后的牙签或者草茎。

在使用草茎的情况下，针刺在草茎上。

● 蝗虫等的标本

蝗虫、蟋蟀、螳螂等昆虫的内脏容易腐坏，所以要从腹部下方剪开，将内脏取出来。取出来后用棉花进行填充并调整好形状。像独角仙一样进行展足。

① 用裁纸刀将昆虫腹部下方切开。

② 用小镊子将内脏取出。

③ 将里面擦拭之后填入棉花并调整好形状。

● 针刺入的位置

针刺入的位置由昆虫的种类决定。放在标本箱等地方保管时，要将针刺在最适宜的、不会挡住昆虫特征的地方。对于那些小型的、针不能刺入的昆虫，则需要贴上厚纸板，将针刺在纸上，以此来固定昆虫，制作标本。

如果是小昆虫则可以贴上白色的厚纸和赛璐珞板，再将针刺在纸上。

■ 虾、螃蟹的标本

制作时可以用福尔马林和甲醇液体进行标本的保存。但是这些都是烈性药，不容易买到。这里为大家介绍简单的"干燥标本"的方法。

① 打开螃蟹的壳，边用水冲洗边取出内脏。

② 最好用5%的福尔马林液体进行浸泡固定，也可以省略这一步骤。

③ 整理好螃蟹的形状，让它干燥1周~10天。

（注意）在不使用福尔马林进行固定而长期保存的情况下，会有变色的可能。

■ 贝类的标本

贝类主要是将贝壳做成标本进行保存。有的贝壳煮的时间过长会发生变色，所以时间要短一点。在海边捡到的贝壳用淡水仔细清洗后，经过干燥就可以作为标本了。

双壳类
边用水清洗边将肉取出来。

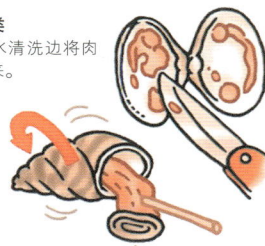

腹足类
干燥之后在里面填充棉花。

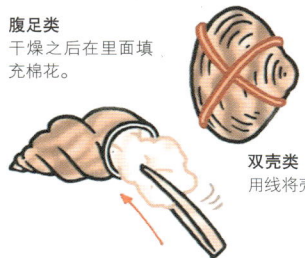

双壳类
用线将壳绑起来。

卷贝
稍微放在热水里煮一会儿，再将里面的肉取出来。
（注意）如果煮得过久会损伤外壳，几分钟就可以了。

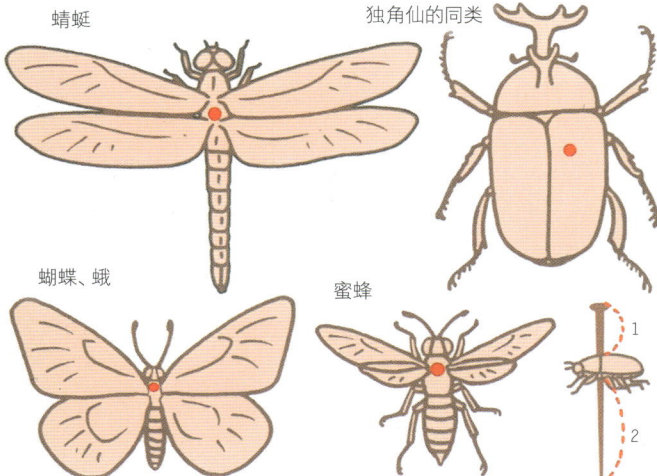

● 展翅、展足的形状

蝴蝶和蛾前面翅膀的下半部分呈一条直线。独角仙同类的前脚向前，中间的脚和后脚是向后的，展足时要注意左右脚的位置都是相同的。

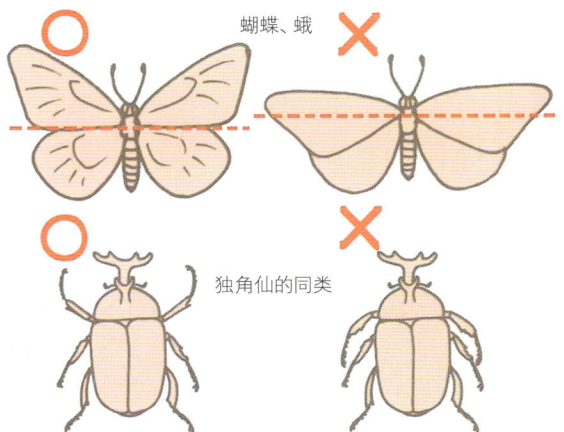

蝴蝶、蛾

独角仙的同类

蜻蜓

独角仙的同类

蝴蝶、蛾

蜜蜂

在●的地方刺入针。

从昆虫的侧面进行观看，在从下往上三分之二的地方固定住。

制作好的标本和防虫剂一起放入标本箱。最好是木制的没有湿气的箱子。放在干燥的地方进行保管。

饲养Q&A

饲养小动物时难免遇到全家出去旅行，家里无人的情况。这里介绍一下在2~3日的时间里，家中无人时安置宠物的方法。

在主人外出一周以上的情况下，很难继续照顾好它们。猫和狗可以送到寄养宠物的宠物店去。

Q 家中无人时，要注意哪些事项？

● 独角仙、锹形甲虫的成虫

在饲养箱里面放入2~3根栖息木，并且铺上很多的昆虫垫。按一只甲虫2天1个的量在四处放置昆虫果冻，还可以放入香蕉等水果。

● 蝗虫

蝗虫需要进行日光浴，所以将饲养箱移到窗户边。作为食物的稻科植物即使喷了水也会很快枯萎，因此可以将它连根挖起种植在花盆里后再放进饲养箱里。

● 虾、小龙虾、螃蟹

它们食用水草和苔藓，是善于忍耐饥饿的动物。一周左右家中无人也没关系。但是，如果饲养数量很多，有可能会互相残食，所以要分开饲养或是多放些石块让它们能躲藏起来。

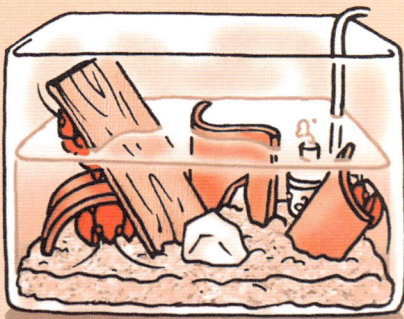

● 蜗牛

一周左右家中无人的情况可以不做其他特别的准备。如果壳里面太过于干燥，在开口处会形成一层隔膜，蜗牛则躲在里面休息。主人回家后，给它浇一点水或是放进热水里浸泡一下，蜗牛就又恢复活动了。

● 鱼

如果是平时得到很好照顾的鱼，一周内不喂食也没关系。但要注意出门之前不要喂食过量以免使水质污浊。

以上是关于饲养的小问答。此外本书已将生物按种类划分进行了介绍，有疑问可以进行查找。

●青蛙和蝌蚪

为了防止干燥，可以在饲养箱里放入大量的水苔以及大型的盛水容器。在出门前给健康的青蛙大量喂食。如果是蝌蚪，可以放入大量的水草，它们会食用水草的碎屑和水槽底部沉积的东西。

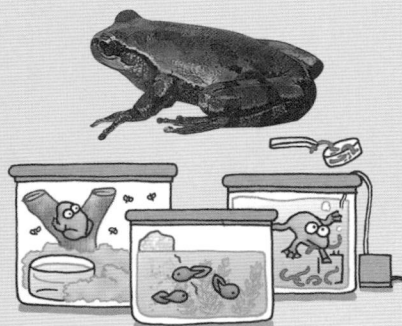

●蜥蜴

如果蜥蜴在平时就得到了很好的照顾，不需要做其他的准备，只需要注意不要喂食过量。小型品种的蜥蜴和幼崽因为体力不足，所以要注意保持一定的温度和湿度。

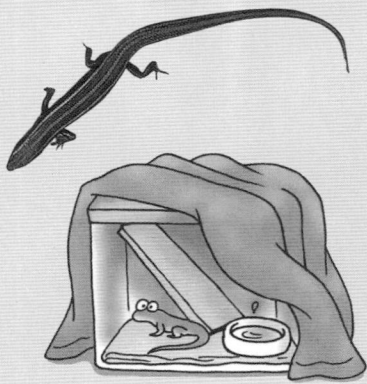

●乌龟

保持平常的饲养状态很重要。但是要注意饲养箱不要长时间放在阳光直射的地方。乌龟在良好的饲养环境下，只要有水就可以存活很久。10天左右不进食也不需要担心。

●兔子等小型哺乳类

给它们准备好大型的餐具和给水器。因为兔子要排出大量的粪便和尿，所以尽量选择大型的饲养笼。门上一定要牢牢上锁。饲养笼要放置在通风和凉爽的地方。

●狗和猫

在家中无人时，把狗和猫寄养到宠物宾馆或者宠物医院是最让人放心的。可以事先查找一下家附近可以寄养宠物的地方。现在还出现了可以携带宠物入住的酒店和宾馆，作为家庭的一员，宠物也可以一起去旅行了。但是，如果是没有受过教育和训练的宠物，可能会在旅途中造成麻烦。所以要对宠物进行严格的训练。

PET HOTEL

PET

饲养Q&A

<小动物>

Q 想让蜗牛进行繁殖时该如何进行饲养，以及喂给哪些食物呢？

A 蜗牛的饲养方法是在饲养箱里放入土壤和树枝以增加湿气，使土壤保持湿润。在繁殖方面，蜗牛是同时具有雄性和雌性机能的雌雄同体，任意放入2只蜗牛就可以繁殖。另外，可以喂给胡萝卜和卷心菜等食物。

<宠物>

Q 在没有空调的情况下，想要让仓鼠平安过冬，只用宠物用的加热器可以吗？暖炉是必需的吗？

A 在主人出门时，一直开着暖炉是很危险的。除了宠物用的加热器，将笼子的四周用纸箱围起来也可以增强保暖性。仓鼠耐寒性不强，所以一定要注意在冬天做好保暖。

<宠物>

Q 将仓鼠用的饮水器里装满水后，仓鼠即使不去舔，水也会自动漏出来。这是饮水器坏了吗？

A 首先可以考虑是饮水器盖子里面的塑料垫片的原因。把盖子拧下来，里面有个塑料做的垫片，如果这个垫片卷起来了，或者是没有安装好，水就会慢慢漏出来，并且塑料垫片变软后水也可能漏出来。其次可以考虑的是盖子是否拧紧的问题，如果没有拧紧会有空气进去，也可能导致漏水。所以首先打开盖子进行检查吧。

<宠物>

Q 因为家里饲养的豚鼠会在巢里排尿，所以没有选择木制的巢而是用塑料的箱子，并剪开一个洞作为它的巢箱。这样清洗起来很方便。其他的豚鼠也是这样的吗？

A 豚鼠本来就是尿和粪很多的动物。加上它们很难记住厕所的位置，所以打理起来很麻烦。现在流行将竹帘铺在笼子底部以方便清理。用塑料的箱子并剪开一个洞作为巢箱这种方法也很好。

<宠物>

Q 我家的花栗鼠跟人不太亲近。有什么方法可以让它从现在开始和人亲近起来吗？

A 每只花栗鼠的性格都不相同。也有可能成年后才和人亲近起来。可以先用家里的花栗鼠最喜欢的食物进行一些小尝试吧。用手喂它一些牛奶、花生、奶酪等食物。并且将猫狗用的牛奶装进小动物用的奶瓶里面喂给它。每天进行这样的喂养，一定能增进和花栗鼠的感情。

<宠物>

Q 曾经逃走过一次的花栗鼠从此之后开始啃咬笼子的铁杆，不能安静下来。是不是养成逃走的习惯了呢？

A 啃咬笼子铁杆的行为即使不是养成了逃走的习惯也是有可能发生的。这是花栗鼠想要到外面去的表现。如果这个情况持续下去，可能会使它受伤，导致鼻尖的毛脱落等。如果只是养成了逃走的习惯，那么试着通过换笼子等手段改变一下花栗鼠的生活环境吧。使用大型的笼子，可能会缓解花栗鼠啃咬笼子的情况。

<宠物>

Q 正在饲养松鼠的同时，还想开始养狗。松鼠和狗能很好地相处吗？

A 这是由主人的训练成果来决定的。并且，重要的是松鼠和狗的饲养场所要严格划分开来。狗在每天都能得到充分散步时间的情况下，是不会去骚扰松鼠的。这还是要由主人的训练成果来决定。如果狗去骚扰了松鼠，就要严厉地训斥它。聪明的狗马上就会知道这是不能做的事情。

<宠物>

Q 兔子几岁成年？

6个月

A 兔子在出生后半年左右就可以开始繁殖下一代了。它是成长很快的动物，几个月间兔子就可以成年了。

<宠物>

Q 家里养的狗，只要听见附近小路上经过的救护车的声音，就会发出奇怪的叫声。这是为什么呢？

A 狗的祖先是狼。狼在远处吠叫从而达到和同伴交流的习性被狗遗传下来。远处救护车的警报声和狼的远吠声相似，所以狗也做出了相应的回应。

<宠物>

Q 狗吃了田边的野草。这样没问题吗？

A 狗吃草是它胃不舒服的表现。当然也有形成了吃草习惯的狗。狗的肠胃有问题时会吃一些前端又尖又细的禾本科的草。路边生长的杂草也是又尖又细的。吃了这些草后会刺激肠胃，将食物和胃液一起吐出来。仔细观察狗平时活动的地方，会发现有吐出来的草的痕迹。

<宠物>

Q 家里饲养的9个月的雄性吉娃娃，让它独自在家后回来发现再见面时，它高兴得四处撒尿。等到它再长大一些后情况会好点吗？

A 这是经常会发生的事情。吉娃娃容易感到寂寞，等到它再长大一些后情况会好一点。除此之外，还有受到一点惊吓就会撒尿的狗。狗的性格各不相同，主人们多留心，根据它们的特性进行相应的饲养吧。

<宠物>

Q 为什么猫的舌头很粗糙？

A 这不仅仅是家猫，在猫科动物里面也很常见。肉食性的猫，会用它粗糙的舌头，像锉刀一样将附在骨头上的肉舔下来。猫在用舌头舔自己的身体进行毛发梳理时，粗糙的舌头起到像梳子一样的作用。并且，这样构造的舌头能盛更多的水，使得猫在喝水时更方便。

<宠物>

Q 听说刚出生的小猫的眼睛虽然在10天左右睁开，但是暂时什么都看不见。什么时候开始可以看得见呢？

A 刚出生小猫的眼睛暂时什么都看不清楚，只能感受到光的强弱程度。经过2周后，就慢慢可以看得见了。瞳孔的颜色也由蓝色带有一点灰色变成黑色。

<宠物>

Q 家里养了猫。不过听说如果人怀孕之后就不适合养动物了。怎样才可以使饲养动物不受怀孕的影响呢？

A 如果考虑开始准备怀孕就要预防由猫身上的弓形虫引起的疾病，以及从猫的粪便、嘴巴等途径进行传染的疾病。没有抗体的孕妇如果被感染了会传给胎儿，可能造成胎儿畸形。虽然这种概率不高，但以防万一，最好还是将家里养的猫带到宠物医院进行相关的检查。

照顾猫和在清扫猫厕所之后要彻底地洗手，并且不要用嘴巴对猫进行喂食，也不要亲吻它。

<宠物>

Q 宠物死了以后，遗体该怎样处理呢？

A 最好的方法是将它埋葬在动物陵园里。除了猫和狗之外，兔子和松鼠等小动物也可以埋葬在里面。费用可以向动物陵园询问。有的陵园还提供上门搬运遗体的服务。附近如果没有这样的设施，可以向市政府或是宠物医院咨询。

<两栖、爬虫类>

Q 家里饲养的乌龟和人很亲近，喜欢待在庭院里，所以会带它去散步。对于乌龟来说，散步是必需的吗？过多的日晒会对身体造成不好的影响吗？

A 对于乌龟来说，散步是舒缓心情和增加运动量的好方法。并且，在庭院里散步还是很好的日光浴，对身体没有坏处。日光浴还可以生成吸收钙所需要的维生素D_3，使得龟甲和骨骼变得强健。

<両栖、爬虫类>

Q 虽然每天给家里饲养的草龟换水、带它散步、晒太阳，但是最近它开始不吃东西了。这样没问题吗？

A 这可能是换水过于频繁的原因。水的管理是很重要的，换水过于频繁会使乌龟不能很好地适应和平静下来，当然也就没有食欲了。如果乌龟怎么都不吃东西，就有必要喂给营养剂。在水桶等容器里面放入10ml左右的温水，再放入营养剂，让乌龟在里面游泳。

<両栖、爬虫类>

Q 能教给我雄性壁虎和雌性壁虎的区分方法吗？

A 壁虎和鬣蜥雌雄的不同，只要看它们后脚处肚子那一面就明白了。雄性的肚子有一处像口袋的部分非常发达。幼年时很不容易看清楚，长到一定程度时可以仔细进行观察。

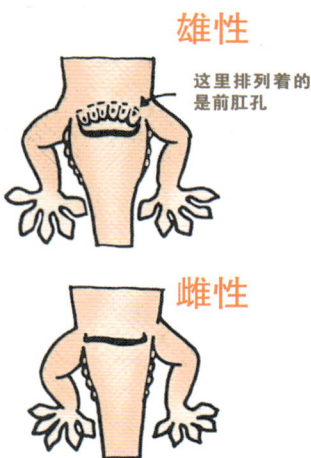

雄性

这里排列着的是前肛孔

雌性

<両栖、爬虫类>

Q 家里饲养的绿鬣蜥，每次有人靠近时都会上下摆动头部。这是在表达什么呢？

A 有可能是绿鬣蜥在警戒时采取的动作。这个时候如果再接近它，或是做了它不喜欢的事情，有可能会被它用像长鞭子一样的尾巴打中，所以一定要注意。

<両栖、爬虫类>

Q 别人送了一只绿鬣蜥（30～40cm）。它好像很恐惧，不容易和人类亲近。有时候还会被它攻击。有什么办法可以让它和人类亲近起来吗？

A 对于所有的动物都适用的，使它和人类亲近起来的方法就是有耐心，再加上坚持不懈地重复。可以试着直接用手喂食，被轻轻地攻击时忍耐一下。当它不再生气时可以试着慢慢触摸它的身体。这样慢慢坚持下来，一定能增进和绿鬣蜥的感情。

<鸟类>

Q 家里饲养的9个月大的雄性鸡尾鹦鹉，因为经常在笼子里转来转去，所以有一大半的羽毛被折断了。虽然还会再长出来，但是从现在开始应该注意哪些方面呢？

A 可能是笼子太小了。在狭小的笼子里容易触碰到翅膀和尾巴，还可能会受伤。如果只是尾巴的羽毛折断了，有可能是栖息木高度的问题。鹦鹉站立在栖息木上时，尾巴如果触碰到地面就说明栖息木太低了。试试看更换大的笼子和调节栖息木的高度吧。

155

<鸟类>

Q 想要饲养鸡尾鹦鹉，雌性的鸡尾鹦鹉在什么时期会产下无精卵呢？

A 雌性的鸡尾鹦鹉会在日照时间逐渐变长的初春开始产卵。在这之后，虽然通常在一年里面都可以产卵，但是在特别寒冷时无精卵会比较多。并且，如果产下的无精卵很多则可能是缺钙。可以每天喂给牡蛎粉和盐土。

<鸟类>

Q 养了手玩的虎皮鹦鹉的雏鸟。过了一个月后，可以自己进食了，到什么时候才可以看出是雌鸟还是雄鸟呢？

A 虽然养鸟的专家在鹦鹉很小时就可以看出是雌鸟还是雄鸟，但普通人还是区分不出来的。经过半年左右，可以通过喙根部蜡膜的颜色来判断。雄性的喙根部是青白色，雌性的是肉色的。

青白色　肉色

雄性　　　　雌性

<鸟类>

Q 可以训练小鸟排便吗？

A 不可以。但是小鸟通常在进食后排便，只要稍微动一下手，粪便的清洁就会变得简单很多。在盛放食物的容器下面摆上又大又沉的盘子等器皿，这样小鸟排出的粪便就落到了盘子上。清洁时只需要拿出盘子进行清洗就可以了。

<昆虫>

Q 书中在介绍鸟类和蜥蜴食物的地方写着喂给黄粉虫，究竟什么是黄粉虫？

A 黄粉虫是一种昆虫。是独角仙的同类（甲虫目）的幼虫。宠物商店有袋装的黄粉虫出售。即使是买回来做饲料，如果能好好打理，黄粉虫的数量也会很容易就增加。将黄粉虫放置在凉爽的地方，每隔一段时间要将被粪便弄脏的麦糠换掉。

幼虫　　　成虫

<水生生物>

Q 即使水经过去漂白粉的处理之后，家里饲养的金鱼还是会在一周内死亡。是什么原因呢？

A 不仅仅是水的问题，也许还有其他的原因。例如，在小型的金鱼缸里面放入过多的金鱼，就会马上造成缺氧。并且，将水槽放在窗户边，太阳的热量会使水槽温度上升导致金鱼死亡。除了窗户边，紧闭的闷热的屋子也会使水温上升。金鱼虽然比较容易饲养，但还是要注意鱼缸的摆放。考虑使用空气泵和过滤器等使水质稳定的装置吧。

<水生生物>

Q 家里养了成对的神仙鱼。产卵之后完全孵化了，一直抚育到可以开始游泳时，却被亲鱼吃掉了。这是为什么？

A 神仙鱼是肉食性很强的生物。如果和霓虹灯等小鱼一起饲养会将对方吃掉。吃掉幼鱼也是同样的道理，可以放入大量的水草作为幼鱼被亲鱼追赶时候的藏身之处。

<水生生物>

Q 将买来的鱼移到鱼缸里面时需要注意些什么？

A 把装有鱼的塑料袋浮在水面上并放置10~15分钟。这是为了让塑料袋里的水和水槽里的水温度保持一致。之后打开塑料袋，让水混合在一起再放置10~15分钟，在鱼已经十分适应环境时将塑料袋取走。

<水生生物>

Q 小龙虾的幼崽出生了。但是现在因为没有水槽，所以将它和父母放在一起饲养。这样做没问题吗？

A 刚出生没多久时是可以的。等到经过了2次蜕皮，可以离开父母身边时就将它们分开饲养吧。要注意经常换水。

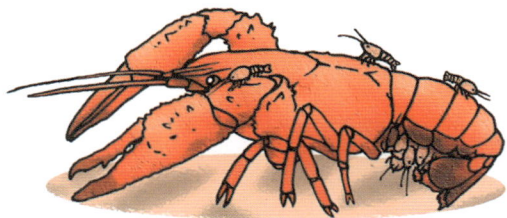

<水生生物>

Q 水槽里面漂浮着垃圾，因此很苦恼。有什么好的方法吗？

A 可以试试自己做个简单的工具取出垃圾。将小矿泉水瓶剪掉一半，在瓶口套上水管就完成了。将它放进水槽里面，水管的另一头放进水桶里。这时，水桶必须要放在比水槽低的位置。从矿泉水瓶

的切口处用导管将水导出来时，沉积在沙子和小石头缝隙里面的垃圾也一起被吸出来了。

<水生生物>

Q 饲养热带鱼时，鱼缸壁上长了很多绿色的苔藓，看起来很脏。有什么工具可以除去这些苔藓吗？

A 经常会长苔藓的水槽有各种各样的原因，比如照明时间过长，水里含有鱼的排泄物导致氮气的量增加，长时间不换水等。虽然市面上有防止苔藓生长的药物出售，但通过采取定期换水、多种植能吸收多余营养的水草等措施，也可以去除相当一部分的苔藓。

如果感觉苔藓还是很显眼，可以购买市面上出售的带有长柄的去除苔藓的除垢器。用塑料制的三角尺来代替除垢器也可以简单去除苔藓。并且，放入沼虾和贝类等食用苔藓的生物还能省去不少麻烦。

<水生生物>

Q 家里饲养着热带鱼。放在水槽里的过滤器应该怎么清洗呢？

A 过滤器的清洗和换水一样重要。过滤器里的羊毛片和过滤芯如果被污垢堵住会导致水流不畅以及过滤器功能损坏。一个月里定期进行1~2次清洗，可以将上部过滤器从水槽里取下来，放到水桶里清洗污垢。羊毛片和过滤芯不能太用力清洗，稍微有一点污垢可以保持正常的过滤功能。每半年到1年进行1次更换半片的羊毛片和过滤芯。对于底部过滤器，则可用水轻轻对砂石和羊毛片进行清洗。这时如果使用水槽里面的水会有不错的效果。

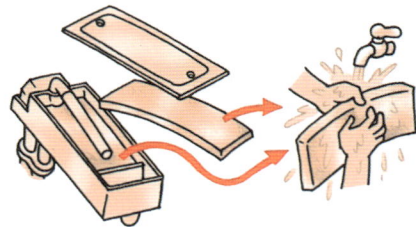

饲养Q&A

Q 饲养的生物生病时该怎么办？

鱼的疾病

● 身体和皮肤长了很小的粒状物时

这是因为鱼的身体长了白点病和胡椒病的病原虫。在粒状物的数量很少时将鱼放入含有杀菌剂的水里。5天换一次水并重新放入药。

● 金鱼体表和鳞片的根部寄生着很小的虫子时

有可能是长了锚虫以及鱼虱。发现之后用小镊子夹出来，之后在水里放入少量的杀菌剂。

● 金鱼一会儿肚子朝上浮着，一会儿沉下去时

可能是鱼鳔和里面的气体不正常引起的鱼鳔病。现在没有有效的治疗方法。在秋冬水温急剧下降时最容易发生，尤其是身体肥胖的大型鱼要特别注意。在2～3日间使水温慢慢回升到25℃左右，以及减少喂食量使鱼进行减肥都会有一定的效果。

● 金鱼眼睛变得又白又浑浊时

这被称为眼球白浊症。原因不明。得病后金鱼不会马上死亡，但是会被别的鱼欺负，或是吃不到食物。所以要转移到别的水槽里去。

乌龟的疾病

● 龟甲变形、变软，或者是走路异样时

这是维生素和日光浴不足引起的软骨病。已经变形的龟甲很难治好。可以每天让乌龟接受日光浴，并且在食物和饮用水里面放入维生素。乌龟不进食时，将液体的药从它的鼻子里滴进去。平常喂给多种多样的食物，对防止这种疾病有一定的作用。

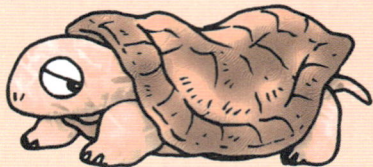

● 龟甲变得像蛀牙一样时

这是由细菌引起的龟甲疾病。将腐朽的部分干燥后涂上人用的抗生素软膏。

● 乌龟皮肤上有圆圆的小虫时

这是螨虫类的寄生虫，用小镊子将虫取出来，注意要夹住虫的根部将整条虫取出。

● 乌龟不进食，没有精神时

可能是饲养箱里的温度和湿度、水质、光照、食物等的问题。重新检查饲养器具，从寻找原因开始吧。

观赏鱼用的杀菌剂在热带鱼商店有出售。

蜥蜴的疾病

●蜥蜴背骨变得弯曲，走路异样时

这是维生素和日光浴不足引起的软骨病。在食物和饮用水里面放入综合维生素剂，并每天让蜥蜴接受日光浴。平时要注意喂给多种多样的食物。

●蜥蜴从鼻子和嘴巴里面喷出泡泡，看起来十分疲惫时

这是由体温过度上升引起的热射病。可以给蜥蜴喷点水以降低体温。严重时会导致蜥蜴死亡，因此要注意日光浴的频率和加热器的温度调节。

●蜥蜴以前蜕皮时的老皮还留在身体表面，变得像疮痂一样时

这是由皮肤过于干燥，以及身体代谢失衡引起的蜕皮不全。在没有恶化之前用镊子清理干净。注意管理好饲养箱内的湿度和温度，喂给优质的食物。

●不再进食、变瘦的时候

虽然引起这种现象的原因可能有很多种，但是由于这个现象经常发生在饲养环境发生改变的时候，因此我们可以对饲养箱以及周边环境进项检查，找出原因。

小型哺乳类的疾病

●宠物拉肚子时

宠物没有食欲时，将它送到兽医处进行诊治吧。如果有食欲，可以将整肠剂用少许水融化后喂食。这个时候要断食一天。如果还没有好，要及时送到兽医处进行诊治。

●兔子出现了流鼻涕的感冒症状，呼吸困难时

可能是传染性的慢性鼻炎，将它带给兽医看看吧。如果养了很多只兔子，因为是传染性疾病，需要和其他兔子隔离开来。

●兔子的耳朵又黑又脏，看起来很痒时

这是由耳朵螨虫寄生引起的。如果主人自行用棉棒清洁兔子的耳朵会使耳朵受伤，最好将它带给兽医进行诊察。

●兔子的脚关节有点肿，走路的样子有些奇怪时

原因是食物营养失衡，维生素不足。可以将维生素添加在水里让兔子喝下去。食物方面暂时只喂给专用的混合饲料。

●宠物没有精神，走路异样时

可能是营养不良。可以给它喂食牛奶和狗粮，并在饮水器里加入综合维生素剂。此外，每天让它接受日光浴也很有效果。

●松鼠出现流鼻涕的症状，并频繁打喷嚏时

这是鼻子和呼吸器官的疾病。将它送到兽医处进行诊治吧。作为应急措施，可以在幼儿用的感冒药里面混入少量水再喂给松鼠喝。

●宠物的毛，手感很干燥，眼睛和鼻子、肛门周围很脏时

可以考虑是饲养环境不好造成的。注意要一直保持饲养箱和笼子的清洁，控制饲养数量。食物方面只喂给专用的混合饲料和水。经常检查饲养环境，改善不足的地方，就会慢慢变好。

动物医院的工作

饲养的小动物难免会有生病和受伤时，这个时候仅仅依靠主人可能什么问题都解决不了。为了以防万一，要事先调查好可以信赖的动物医院。

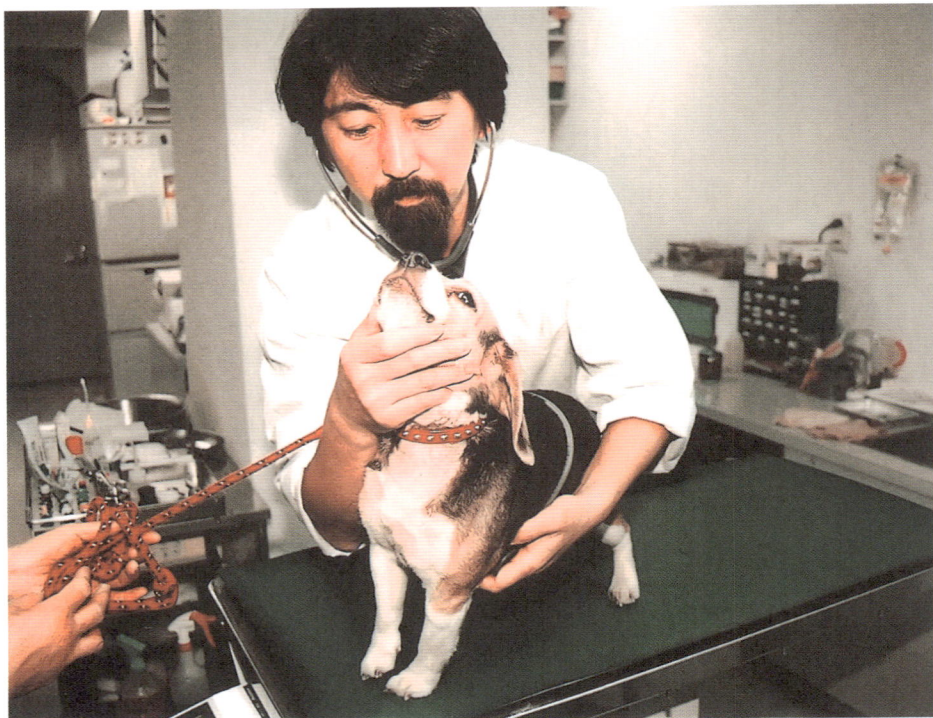

每天都有生病和受伤的小动物被送到动物医院。兽医们为了使这些小动物早日恢复健康，每天都在认真努力地进行诊疗工作。

但是，动物医院的工作不仅仅是这些。健康的小动物也会被送到动物医院来。

它们是来接受健康检查、疾病预防注射的。还有因为主人全家出去旅行，在一段时间内要寄养在动物医院的动物。因为要照顾小动物，兽医们会忙得没办法休息。即使是休息日，兽医们也要照看寄养的小动物和生病住院的小动物。

对宠物进行彻底的诊察，找出哪里有问题

●粪便的检查也是兽医重要的工作

粪便和尿液的检查是动物医院经常进行的检查。特别是粪便，在显微镜下进行观察就可以知道消化和吸收是否良好，有没有感染不好的寄生虫。可以从粪便得知宠物的身体状况如何。

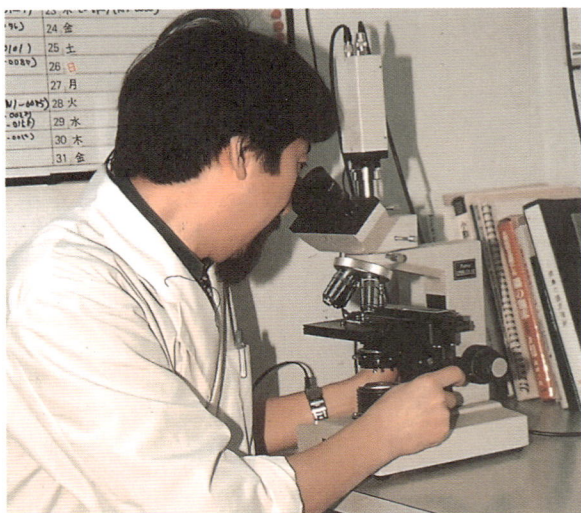

兽医用显微镜检查粪便的情况。肠胃不好的宠物的粪便里面有时会有肉眼发现不了的寄生虫

●为了预防疾病而进行的血液检查

有一种由寄生在狗的血液和心脏里面的丝虫引起的疾病叫丝虫病。吸了有丝虫病的狗血的蚊子，会将疾病传染给健康的狗。为了防治这种疾病，要进行血液检查，如果体内没有丝虫则开给预防的药物。这种药需要每月服用一次。

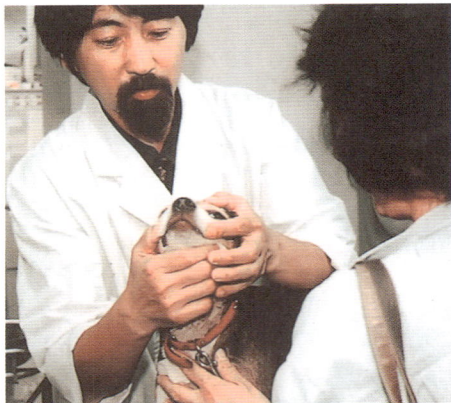

兽医向主人说明狗的健康状态

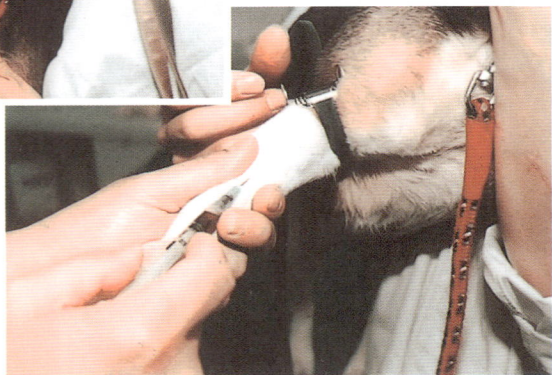

通过抽血检查狗的体内是否有丝虫

当宠物身体不适需要去医院时，通过电话向了解情况的兽医询问检查时是否需要带狗的粪便和尿液。

●健康诊断也是动物医院的工作

除了疾病的治疗,健康诊断也是兽医的工作。定期让兽医进行检查,主人也可以放心。动物医院会制作每只动物的病历,如果有异常可以尽早发现,在病情加重之前得到治疗。

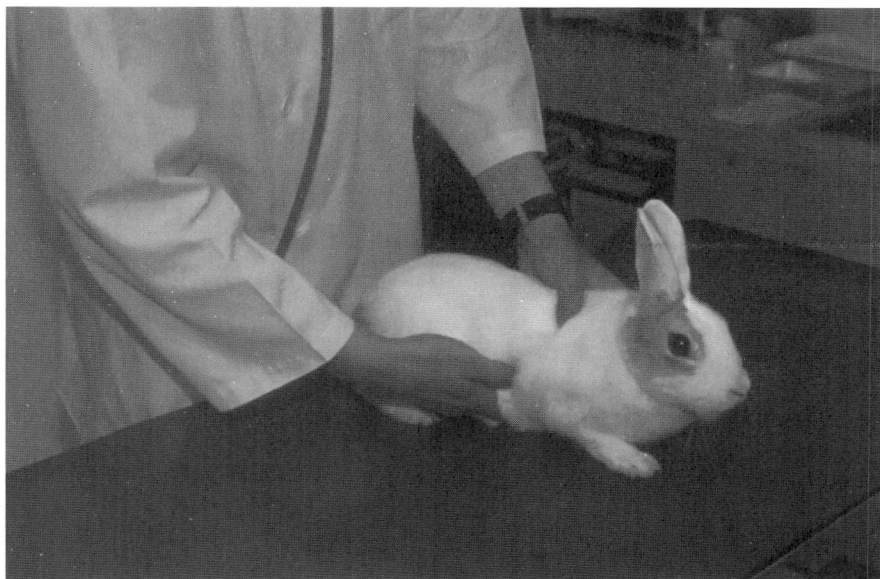

这是来接受健康诊断的兔子。兽医会触摸兔子的身体,检查是否有异常

诊疗台
诊疗台同时也是体重计。通过体重的测量,察看宠物是否正常生长,或是突然变瘦,突然变胖等

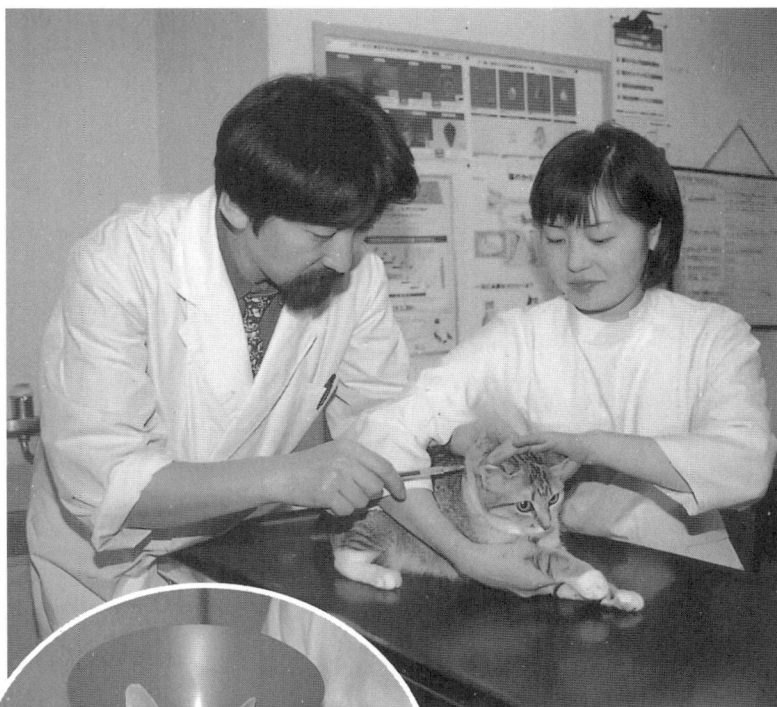

●受伤时的治疗

因为打架或者是交通事故等原因而受伤的宠物,如果没有得到及时的救治可能会有生命危险。主人需要向兽医清楚地说明是在哪里,怎样受伤的。并且,根据受伤情况的不同,可能会需要进行麻醉,主人最好向兽医说明宠物以前的疾病史。

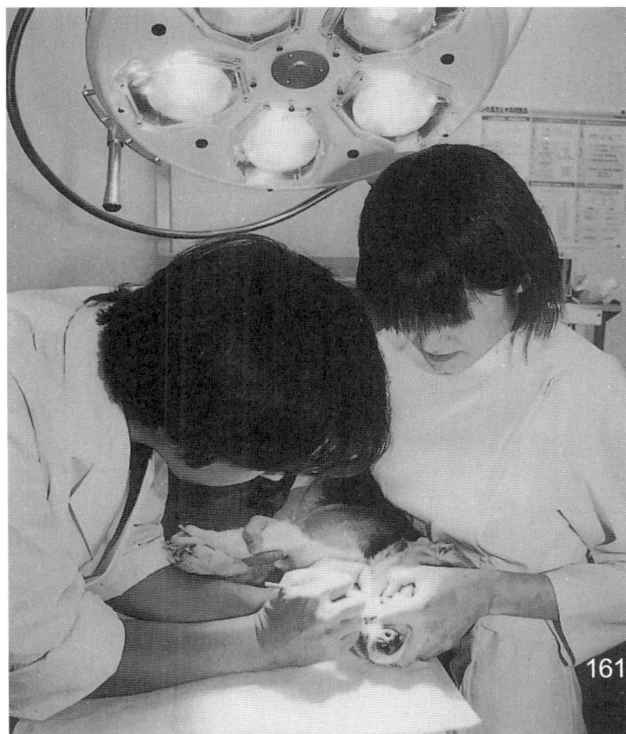

根据宠物受伤的情况,有可能需要注射,并观察一段时间

为了防止宠物舔到伤口,要在宠物脖子上戴上伊丽莎白圈

治疗中的狗
严重受伤时需要在手术室进行治疗

161

●每天会有各种动物到来

　　鼬和仓鼠、绒毛丝鼠等新的宠物，还有很多复杂未解的疾病，兽医们每天都在学习。现在可以诊疗鼬和仓鼠等人气宠物的医院多了起来，还有为猫和狗之外的其他动物诊疗的医院。在前往动物医院之前，一定要先通过电话将要接受诊疗的动物的种类告诉兽医，确认对方是否能提供服务。

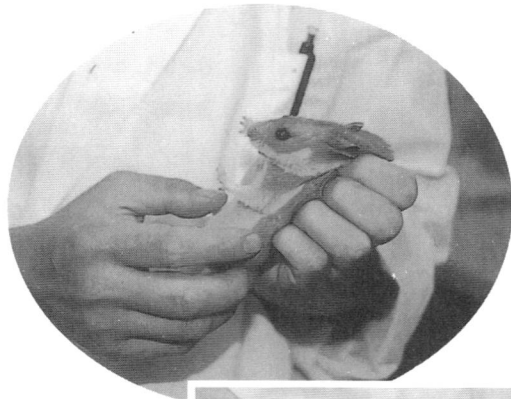

仓鼠
因为仓鼠体型很小，所以诊疗起来很辛苦

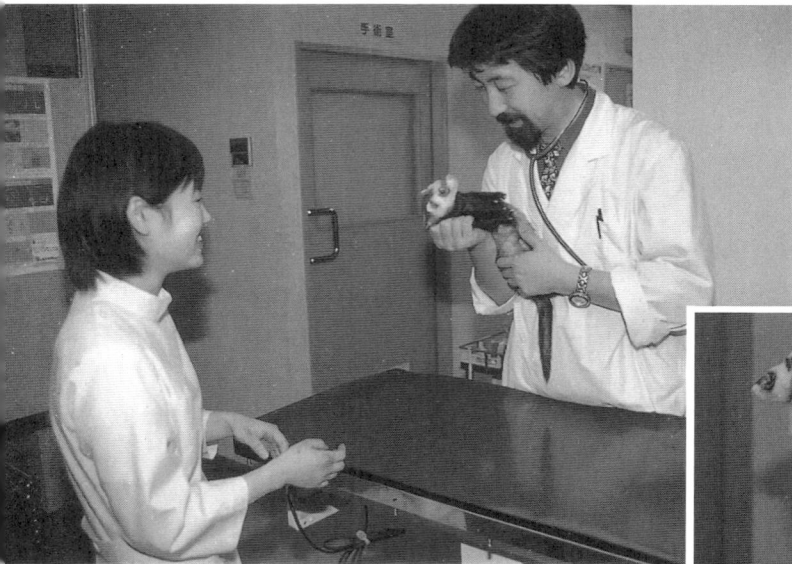

花栗鼠
它尾巴上的毛脱落了。兽医们也要针对小型动物进行学习

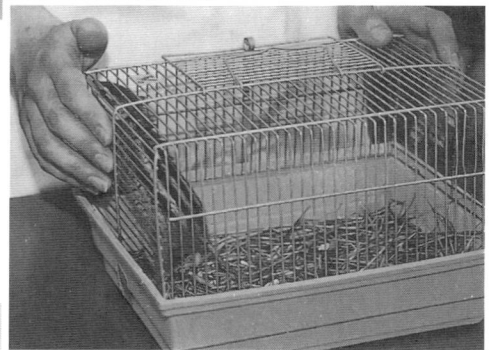
被送到动物医院的动物们都很紧张，所以一定要牢牢抱紧它

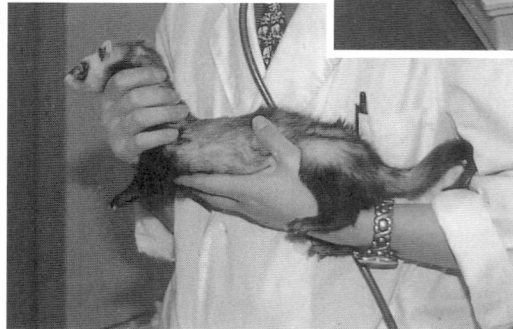
鼬
虽然它现在很健康，但是也要检查一下腹部是否鼓起来，了解它身体的状况

●根据宠物身体的情况配药

　　每天会有各种动物来到动物医院，不可能每次都配给同样种类和计量的药。其中既有体重超过30kg的大型犬，也有体重为120g的仓鼠。这时候要根据各个动物的情况配给适合它们分量的药。

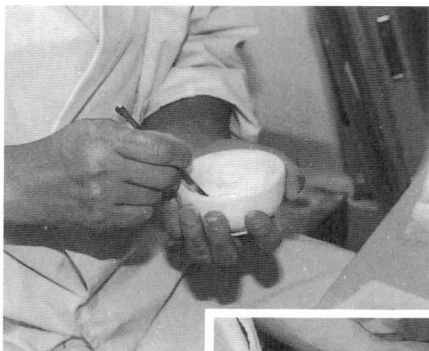
查明受伤和疾病的原因之后，根据症状进行配药

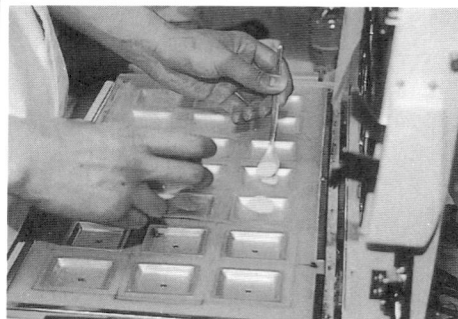
配好的药按每天的分量分别装入小袋子里，使主人能够正确地喂药

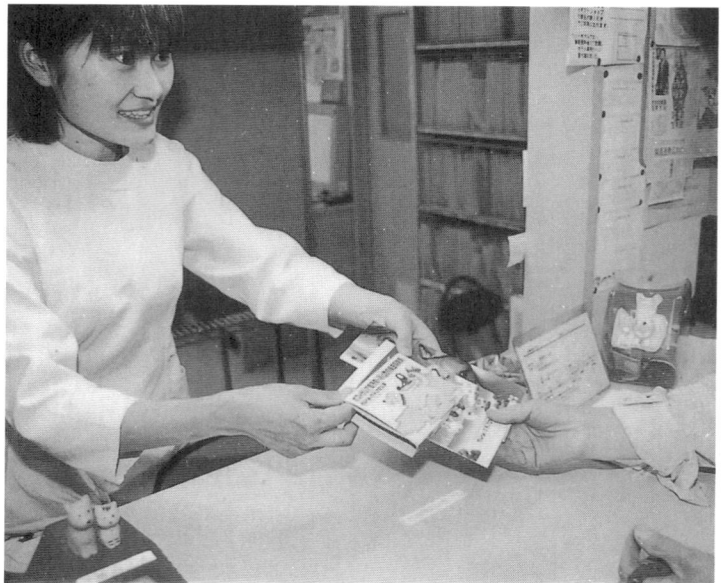
诊察结束后，主人可以在前台付钱并拿药

162　　将宠物送到动物医院时，一定要把它放进笼子里。狗则需要戴好牵引绳。

●住院中的健康管理

疾病和受伤的状况恶化时,需要让宠物住院以便进行彻底的治疗。主人因为每天都可以和住院中的宠物见面,也能安下心来。

受伤住院中的猫。为了防止它舔到伤口,要在脖子上戴上伊丽莎白圈

生病住院中的狗。它已经恢复了健康,马上就可以出院了

●设有宠物宾馆和美容院的医院

除了进行疾病和受伤的治疗,有的动物医院还设有宠物宾馆和美容院。

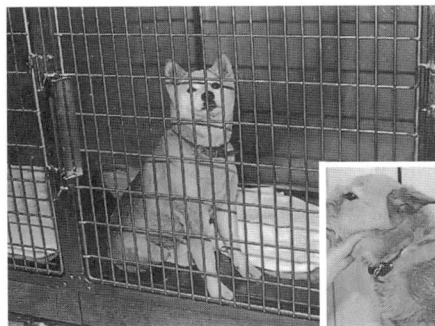

不同的宠物宾馆每天的费用也各不相同。不仅会进行喂食,还会带狗散步

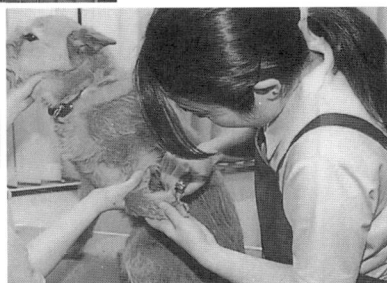

狗和猫、兔子等长毛的宠物,有时候也需要进行毛发修理

●选择动物医院的方法

饲养宠物时,一定要事先选择较好的动物医院。需要注意的有以下几点。

●医院内干净整洁。
●兽医会对主人详细地说明疾病和受伤的情况。
●向其他饲养宠物的人打听这家医院的情况。
●要明确这家医院擅长的诊疗科目是什么。

主人也不能对兽医太过于无礼,要认真对待。

将显微镜的影像连到电视机上进行说明的兽医

野生动物的保护

虽然不是所有的动物医院都有这个能力,有的医院会对野生动物进行保护,在动物受伤等情况下会进行治疗。如果发现有受伤的动物,或者是从巢摔落下来的雏鸟时,可以试着向动物医院寻求帮助。

兽医对受伤的野生动物进行治疗,完全治愈后对其进行训练使其顺利回归自然

折断翅膀的斑鸠

从巢摔落下来的麻雀的雏鸟

如果发现有受伤的野生动物,打电话给动物医院,确认可以接收之后再将它送过去。

饲养相关的法律

■中华人民共和国的国家一级重点保护野生动物一类名录

根据中国《野生动物保护法》和有关法律、法规的规定，由国家林业局和农业部共同拟定的名录，共列出中国国家一级重点保护野生动物96个种或种类，二级重点保护动物230多种，水生野生动物由渔业行政主管部门主管，陆生野生动物由林业行政主管部门主管。

有很多与生物保护有关的法律和国际公约。国家重点保护动物禁止猎捕，未经许可不得饲养。CITES公约附录I物种按照国家一级重点保护动物对待，附录II物种按照国家二级重点保护动物对待。还有《国家保护的有益的或者有重要经济、科学研究价值的陆生野生动物名录》（简称"三有名录"，1591种），各个省也有省级重点保护动物，都受到相应的保护。但是，那些未列入重点保护名录的动物的无序采集也应该禁止。

●一类名录

兽类

蜂猴（所有种）
熊猴
台湾猴
豚尾猴
叶猴（所有种）
长臂猿（所有种）
大熊猫
紫貂
貂熊
熊狸
豹虎
雪豹
儒艮
白鳍豚
亚洲象
黑麂
蒙古野驴
西藏野驴
野马
麋鹿
白唇鹿
坡鹿
梅花鹿
豚鹿
野牛
野牦牛
普氏原羚
羚
藏羚
高鼻羚羊
台湾鬣羚
赤斑羚
塔尔羊
北山羊
河狸

金丝猴（所有种）
云豹
中华白海豚
野骆驼
麋鹿扭角羚
马来熊

两栖爬行

四爪陆龟
鼋
鳄蜥
巨蜥
蟒
扬子鳄

鸟类

短尾信天翁
白腹军舰鸟
白鹳
黑鹳
朱鹮
中华秋沙鸭
金雕
白肩雕
玉带海雕
白尾海雕
虎头海雕
拟兀鹫
胡兀鹫
鲣鸟（所有种）
海鸬鹚
岩鹭
海南虎斑鳽
小苇鳽
彩鹳
白鹮
白琵鹭

黑脸琵鹭
红胸黑雁
白额雁
天鹅（所有种）
隼科（所有种）
鹰科其他鹰类
黑琴鸡
柳雷鸟
岩雷鸟
雪鸡
血雉
红腹角雉
藏马鸡
蓝马鸡
原鸡
勺鸡
白冠长尾雉
锦鸡（所有种）
灰鹤
蓑羽鹤
长脚秧鸡
姬田鸡
棕背田鸡
花田鸡
小青脚鹬
灰燕
小鸥
黑浮鸥
黄嘴河燕鸥
黑腹沙鸡
绿鸠（所有种）
黑颏果鸠
皇鸠（所有种）
斑尾林鸽
鸦鹃（所有种）
鸮形目

第164~165页部分内容由磨铁图书编辑，解焱审读。

■野生动物保护的相关法律和条例

从国外或者外省、自治区、直辖市引进野生动物进行驯养繁殖的，应当采取适当措施，防止其逃至野外；需要将其放生于野外的，放生单位应当向所在省、自治区、直辖市人民政府林业行政主管部门提出申请，经省级以上人民政府林业行政主管部门指定的科研机构进行科学论证后，报国务院林业行政主管部门或者其授权的单位批准。

擅自将引进的野生动物放生于野外或者因管理不当使其逃至野外的，由野生动物行政主管部门责令限期捕回或者采取其他补救措施。

■饲养动物须知

1.未得到相关部门许可饲养受保护的濒危物种是违法的。

2.人工养殖的外来物种（不是从当地环境中采集的物种），请勿放生野外，以免导致外来物种入侵当地自然生态系统的问题。

饲养动物请提前了解动物福利和被饲养动物的各类需求等方面知识，尽量做到给动物提供条件满足动物身体健康和精神愉快的需要。

种群指定天然纪念物（一部分）

- 昆虫：艾雯绢蝶、佛珍蛱蝶、森灰蝶、小笠原蜻蜓、山原长臂金龟等；
- 哺乳类：西表山猫、对马山猫、毛长鼠、日本睡鼠、琉球梅花鹿、奄美野黑兔等；
- 鸟类：虎头海雕、冲绳啄木鸟、信天翁、丹顶鹤、冲绳秧鸡、岛鸥鸻等；
- 其他：蝾螈、岸上石龙子、黄缘闭壳龟、日本地龟、东京鳉、石川氏拟鲭等。

■CITES（《华盛顿条约》）

CITES是指1973年在美国华盛顿签署的《华盛顿条约》，全称《濒危野生动植物物种国际贸易公约》，英文缩写为CITES。条约里规定的限制出口与进口野生动植物在附录Ⅰ～Ⅲ里面有记载。上面记载的除去一小部分（人工繁殖的动植物）之外，都不允许采集和饲养。特别是附录Ⅰ里面记载的大型猫科动物和狐猴等动物，除了以学术研究为目的以外的交易，都是禁止的。附录里面记载了下面列举的一部分物种。

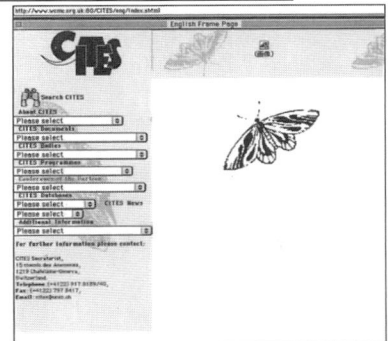

CITES（《华盛顿条约》）的主页

- 昆虫：亚历山大鸟翼凤蝶、闪蝶；
- 哺乳类：狮子、老虎、豹、猴子的全部种类、狐蝠的全部种类、火山兔等；
- 鸟类：鹫、鹰的全部种类、长尾林鸮的全部种类、蜂鸟的全部种类等；
- 其他：日本大鲵的全部种类、拉帕戈斯象龟、海龟的全部种类、科摩多巨蜥、变色龙的全部种类、亚洲龙鱼等。

■IUCN红色名录

这是由IUCN（世界自然保护联盟）编制的濒危物种红色名录。被分为绝灭（EX）、野外绝灭（EW）、极危（CR）、濒危（EN）、易危（VU）、近危（NT）和无危（LC）等级别。极危（CR）是最需要关注的等级。这一等级包括了狐猴的同类、东北虎、日本水獭、暹罗鳄、小笠原大蝙蝠等动物。

IUCN的名录本身并不具备法律效力，但是CITES（《华盛顿条约》）和日本环境厅的保护名录都是参考它编制的。所以可以说红色名录里的极危（CR）、濒危（EN）、易危（VU）物种也是不允许采集的。

IUCN的主页

IUCN（世界自然保护联盟）是在联合国教科文组织的支援下，在1948年设立的自然保护团体。总部设在瑞士的日内瓦。日本的国立公园协会也是其中的成员

白羚羊（CR）

孟加拉虎（EN）

索引

166

生僻字注音表

蝾螈 (róng yuán)
鬣 (liè) 蜥
酢 (cù) 浆灰蝶
青鳉 (jiāng) 鱼
蠼螋 (qú sōu)
非洲慈鲷 (diāo)
环纹蚬 (xiǎn)
蛤蜊 (gé lí)
条纹鬘 (mán) 螺
鸱鸮 (chī xiāo) 科
儒艮 (rú gèn)
黑麂 (jǐ)
麋 (xī) 鹿
鼋 (yuán)
朱鹮 (huán)
鲣 (jiān) 鸟
海鸬鹚 (lú cí)
海南虎斑鳽 (jiān)
隼 (sǔn) 科
黑颏 (kē) 果鸠
岛鸱鸺 (chī xiū)
东京鳚 (yù)
石川氏拟鳂 (chǎng)

图书在版编目（CIP）数据

宠物饲养与观察 ／ 日本学研教育出版编；杜天莹译.
—长春：北方妇女儿童出版社，2014.10（2015.4重印）
（学研图鉴）
ISBN 978-7-5385-8486-8

Ⅰ．①宠… Ⅱ．①日… ②杜… Ⅲ．①宠物－饲养管
理－普及读物 Ⅳ．①S865.3-49

中国版本图书馆CIP数据核字（2014）第137695号

吉林省版权局著作权合同登记号：图字07-2013-4272
Gakken's New Wide Illustrated Reference Books "Breeding & Watching Animals"
©Gakken 2000
All rights reserved.
First published in Japan 2000 by Gakken Co.,Ltd.,Tokyo
Chinese Simplified Character translation rights arranged with Gakken Co.,Ltd.

学研图鉴
宠物饲养与观察 CHONGWU SIYANG YU GUANCHA

出 版 人	刘　刚
策　　划	师晓晖
责任编辑	姜晓坤
封面设计	漫漫文化·森林
开　　本	889mm×1194mm　1/16
印　　张	10.5
字　　数	200千字
印　　刷	三河市嘉科万达彩色印刷有限公司
版　　次	2014年10月第1版
印　　次	2015年4月第2次印刷

出　　版	北方妇女儿童出版社
发　　行	北方妇女儿童出版社
地　　址	长春市人民大街4646号　130021
电　　话	编辑部：0431-85678573

定　　价	128.00元

为了饲养水生生物而准备的工具

在饲养水生生物时，为了给它们创造出适宜的环境，需要从众多的工具里面选出最合适的。让我们来学习使用这些工具的正确方法吧。

●**水槽**　根据饲养生物的大小、数量决定水槽的大小。

 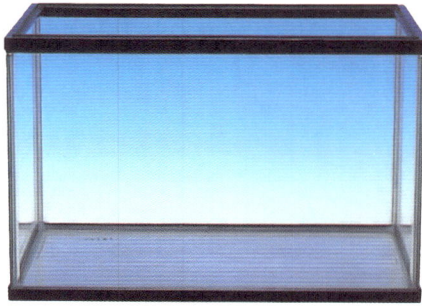 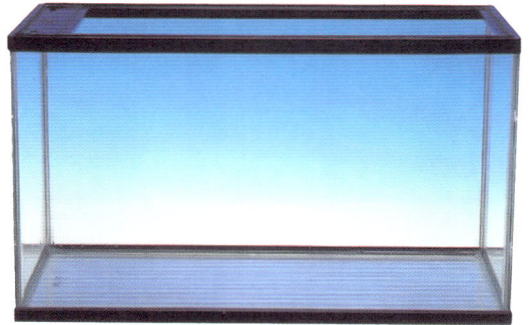

30cm水槽
30cm水槽可以用来饲养水生昆虫和东北雨蛙等小型生物。

45cm水槽
45cm水槽可以用来饲养一只小龙虾、10只左右的金鱼。

60cm水槽
60cm水槽可以用来饲养小型的贝类和鲫鱼、热带鱼和小型海水鱼、2~3只水母。

●**照明**　通常使用和水槽宽度相适宜的照明灯。但是如果给水槽加上玻璃盖，就可以使用比水槽稍微短一点的照明灯。照明灯可以使水槽里面看起来更漂亮，以及促进水草的光合作用。

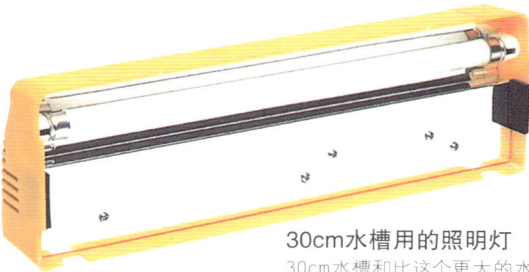 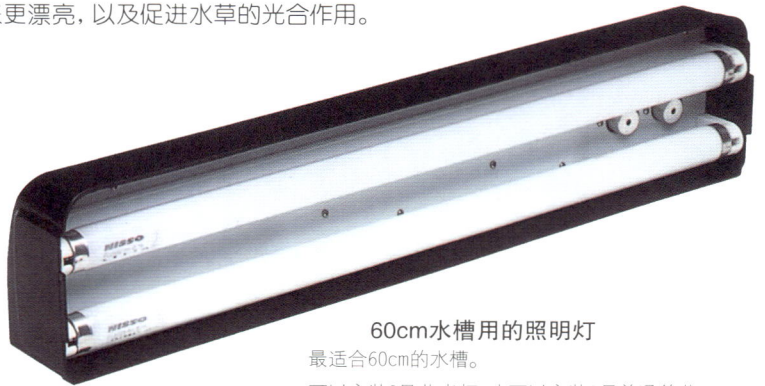

30cm水槽用的照明灯
30cm水槽和比这个更大的水槽都可以使用这种小型的紫外线照明灯，非常方便。

60cm水槽用的照明灯
最适合60cm的水槽。
可以安装2只荧光灯，也可以安装1只普通的荧光灯和1只可以放射出紫外线的荧光灯。

●**加热器**　对于水中的生物来说，水温的管理是很重要的。而对有的生物来说加热器是必需的。

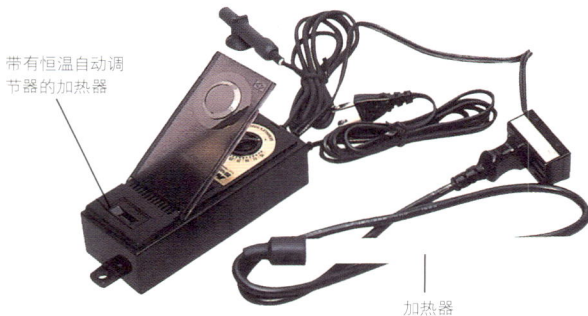

带有恒温自动调节器的加热器

加热器

带有恒温自动调节器的加热器可以使水温一直保持恒定。可以设定对饲养的生物最适宜的水温，还可以感知温度，在过冷时自动加热，过热时自动停止。

水温计
准备好用来测量水温的水温计吧。

●**为海水生物准备的工具**

人工海水对于海水鱼和海水蟹、虾、海胆、海星等生物的饲养是必不可少的。市面上有很多地方在出售人工海水，买回来后仔细阅读制作方法，按照正确的比例进行配制吧。另外，不要忘记准备一支可以检测人工海水浓度的比重计。

人工海水

比重计